网球运动的教学与训练实践研究

夏 磊 著

全国百佳图书出版单位

吉林出版集团股份有限公司

图书在版编目(CIP)数据

　　网球运动的教学与训练实践研究/夏磊著.--长春：
吉林出版集团股份有限公司,2024.7.--ISBN 978-7
-5731-5391-3

　　Ⅰ.G845.2

　　中国国家版本馆 CIP 数据核字第 20242DD688 号

网球运动的教学与训练实践研究

WANGQIU YUNDONG DE JIAOXUE YU XUNLIAN SHIJIAN YANJIU

著　　　者:夏　磊

责任编辑:沈丽娟

技术编辑:王会莲

封面设计:豫燕川

开　　本:787mm×1092mm　　1/16

字　　数:180 千字

印　　张:9.75

版　　次:2024 年 7 月第 1 版

印　　次:2024 年 7 月第 1 次印刷

出　　版:吉林出版集团股份有限公司

发　　行:吉林出版集团外语教育有限公司

地　　址:长春市福祉大路 5788 号龙腾国际大厦 B 座 7 层

电　　话:总编办:0431—81629929

印　　刷:吉林省创美堂印刷有限公司

ISBN 978-7-5731-5391-3　　　　　　定价:58.00 元

前　言

　　网球运动是一项文化底蕴深厚的高雅体育运动。随着我国社会的进步和经济的发展,网球运动也得到发展和普及,被越来越多的人熟知和喜爱,在中国的影响逐步扩大。作为极富活力、追求时尚、思想水平较高的年轻群体,大学生在健康、时尚、社交、审美等方面也有较高需求,而网球运动的文化特点正符合大学生的这些心理特征,因此网球运动成为大学生非常喜爱的一项体育项目。网球运动教学与训练是一项长期的、艰巨的、科学性很强的培养管理工作。为了适应高校网球运动教学的需要以及学生的网球学习、锻炼和发展的需要,教师要在进行网球运动教学的同时,向学生讲述网球理论知识并给予他们实践指导,以便他们更好地学习网球。这样不仅能够进一步推动高校网球运动的发展,还有助于网球运动的教学与训练实践研究。

　　本书在网球运动概述的基础上,对网球运动教学理论与发展、网球运动的竞赛规则、网球运动训练实践指导、网球运动技术教学实践指导进行研究探析。本书结构合理,条理清晰,内容循序渐进,对网球运动教学与训练的开展具有重要的指导和启发作用。

　　在本书的写作过程中,参阅了大量的相关著作和文献,在参考文献中未能一一列出,在此向相关著作和文献的作者表示诚挚的感谢和敬意,同时也请对写作工作中的不周之处予以谅解。由于作者水平有限,编写时间仓促,书中难免会有疏漏不妥之处,敬请广大读者批评指正。

目 录

第一章　网球运动概述

第一节　网球运动的起源与发展

一、网球运动的起源

网球与高尔夫球、保龄球、桌球并称为世界四大绅士运动。相比其他几项而言，网球是一项优美而激烈的运动，网球运动的由来和发展可以用一句话来概括：孕育在法国，诞生在英国，开始普及和形成高潮在美国，现在盛行全世界，被称为世界第二大球类运动。[①] 网球运动的起源可以追溯到 12~13 世纪的法国，当时在传教士中流行着一种用手掌击球的游戏，方法是在空地上两人隔一条绳子，用手掌将布包着头发制成的球打来打去。这种运动不仅在修道院中盛行，而且也出现在法国宫廷。法国国王路易十世在位时，宫廷中就经常进行这种以消遣为目的的网球运动。1358~1360 年，这种供贵族玩的古式网球从法国传入英国，英国爱德华三世对网球发生很大兴趣，下令在宫中修建一片室内球场。当时球拍的拍面改成由羊皮制作，球由布面改成皮面，球的大小、重量没有详细记载。15 世纪发明了穿弦的球拍，16 世纪古式室内网球成为法国的国球。以后，古式室内网球有了自己的规则，在欧洲，尤其是在英国得到了较好的开展。

近代网球起源于英国。1873 年，会打古式网球的英国少校 M. 温菲

---

　　① 胡启林，张先义，仲鹏飞. 大学体育与健康 ［M］. 武汉：武汉理工大学出版社，2021.

尔德（Walter Clopton Wingfield），在羽毛球运动的启示下，设计了一种适用于户外的、男女都可以从事的网球运动，当时叫作司法泰克（Sphairistike，意思为击球的技术）。1875 年，随着这项运动在 8 字形球场上风靡起来，全英槌球俱乐部在槌球场边另设了一片草地网球场，紧接着，古式网球的权威组织者玛利博恩板球俱乐部为这项运动制定了一系列规则。从此，草地网球正式取代了司法泰克。1877 年，在英国伦敦郊外温布尔顿设置了几片场地并成立了草地网球总会，草地网球在英国得到了进一步的开展。同年 7 月，举办了首届草地网球锦标赛，即温布尔顿第一届比赛。亨利·琼斯同另外两个人为这次比赛制定了全新的规则，他本人担任了比赛的裁判。当时的球场为长方形，长 23.77 米，宽 8.23 米，至今未变。发球线离网 7.92 米，网中央高度为 0.99 米。发球员发球时，可一脚站在端线前，另一脚站在端线后，发球失误一次不判失分。每局采用古式室内网球的 0、15、30、45 计分法。可以说，亨利·琼斯是现代网球的奠基人。

二、网球运动的发展

1881 年，世界上第一个全国性网球协会，是美国全国草地网球协会。该协会当年 8 月 31 日至 9 月 3 日，在罗得岛纽波特港举行第一届美国草地网球的男子单打和男子双打锦标赛，采用了温布尔顿的比赛规则。参加比赛的有 26 人。单打冠军是理查兹西尔斯（他连续获得 7 年冠军）；双打冠军是克拉克与泰勒。

1887 年，开始举行美国草地网球女子单打锦标赛；1890 年举行女子双打锦标赛；1892 年举行混合双打锦标赛。因为当时的美国总统西奥多·罗斯福爱上了网球运动，他不仅积极支持修建网球场，举行网球比赛，而且还经常邀请陪同他骑马散步的朋友们在白宫球场上打网球，所以人们称他为"网球内阁"，美国的网球运动也得到了空前的发展。在两次世界大战中，全世界的网球都停赛了，唯独美国没有停下来。相反，美国的网球运动还出现了令人惊异的高峰，极盛时期竟有 4000 万人参加网球运动。

1878 年以来，草地网球已由英国的移民、商人等传至全球，如加拿大（1878 年）、斯里兰卡（1878 年）、捷克斯洛伐克（1879 年）、瑞典（1879 年）、印度和日本（1880 年）、澳大利亚（1880 年）、南非（1881 年）。

当时，爱好网球的人士绝大多数是富裕的资产阶级。他们有条件在自家的草坪上随时设置网球场，作为他们社交活动的场所。19 世纪 90 年代中期，网球进入了初步发展的阶段，许多国家和地区组织了网球协会，并定期举行比赛。

1913 年 3 月 1 日在法国的巴黎成立了世界网球的最高组织——国际网球联合会。它的成立为网球的进一步发展开辟了一条更加广阔的道路。

除了 20 世纪 70 年代采用的"抢七"（Tiebreaker）外，1890 年至今，网球规则的变化很小。近几年的变化就是在职业比赛中增加"即时重放"（Instant Replay）系统（即鹰眼系统），以判定有争议的球。

20 世纪 70 年代以后，网球得到了快速发展。网球运动发展较快的主要原因有：第一是允许职业选手参加温布尔登等锦标赛，开创了职业网球巡回赛的先河，取消了职业选手与业余选手的界限，增加了大赛的激烈程度和热烈争夺的气氛，从而促进了运动员技术水平的提高，吸引了广大网球爱好者参与该项运动的热情和观看，评论网球比赛的积极性。第二是科技在球拍等器材制造中的应用，促进了先进器材的生产，技术水平的提高，造就了一批年轻的优秀选手，从而促进了网球运动向前发展。

1896 年在雅典举行的第一届奥运会上，网球的男子单打和双打被列为正式比赛项目。后来，由于国际奥运会和国际网球联合会在"业余运动员"的定义上有分歧，已经连续七届奥运会都进行的网球比赛被取消，直到 1984 年的洛杉矶奥运会上，网球被列为表演项目，1988 年的汉城奥运会上，网球重被列为正式比赛项目。

进入 20 世纪 90 年代后，网球的发展有这样几个特点：一是赛事种类繁多；二是水平高，争夺激烈；三是随着器材的改革，尤其是球拍的研制，网球将向着力量、速度型方向发展；四是随着网球各种大赛奖金的不断提高，网球的职业化、商业化程度会越来越高。总之，作为世界第二大球类运动的网球运动将以其无比的魅力和不断发展的技术赢得越来越多的爱好者和观众。

第二节　网球运动的特点和功能

网球运动是一项深受人们喜爱、富有乐趣的体育活动，具有很高的锻炼价值。它既是一种自我娱乐和增进健康的手段，又是一种艺术追求和享受，同时还是一个观赏性很强的体育竞赛项目。

一、网球运动的特点

（一）网球比赛的职业化

过去网球的重大比赛一直不允许职业球员参加，直到 1968 年国际网球联合会（ITF）取消了这一禁令，世界各大赛事才充满了职业色彩。当今四大满贯和不同级别的大奖赛、巡回赛以及独资赞助的大赛都设立了高额奖金，在高额奖金的刺激下，优秀网球选手进行的早期专项训练和参赛等都推动了网球训练的变革和技术水平的提高。职业化刺激了网球运动的高速发展。

（二）比赛场地多样化

由沥青和混凝土铺垫，其上覆有塑胶面层的硬地球场，球速快，适合进攻型打法，场地广泛应用于各大赛事。温布尔登网球公开赛的比赛场地是草地球场，法国网球公开赛使用的是红土场地，还有人造草地、合成材料的地毯等新型场地。不同性能的场地的球速和弹跳规律不同，跑动步法和调整方式也不同，这就要求运动员应具有广泛的适应能力，同时促进了运动员技术的全面提高。

（三）比赛时间长、强度大

一场高水平的女子单打（3 盘）比赛可进行 2 小时以上，男子单打（5 盘）可持续 3～5 小时，甚至更长。随着快速场地的使用和网前战术的发展，比赛的跑动量有减少的趋势，但跑动的强度在增加，前后快速跑动、跨步、跳跃动作也在增加。

（四）发球方法独特

在网球运动规则中，参加运动的双方在一局中由一人连续发球，直到该局结束，此局被称为发球者的发球局。每球均有两次机会，即一发失误还有二发，这是促使发球质量不断提高的主要原因。男子选手发球的速度可达 200 千米/小时以上，女子选手的发球速度也在 200 千米/小时左右。而正常的击球速度远不及发球速度，正因如此，在实力均衡的比赛中，发球方总能占据一定的优势。

（五）心理素质要求高

网球单项比赛是不允许教练指导的，运动员必须独自处理球场上发生的一切。长时间、高强度的比赛需要运动员具备良好的心理素质，如超强的责任感和毅力，克服困难的勇气，稳定的情绪，对自己的实力充满信心，有强烈的竞争意识，在大赛中不畏强手、敢于拼搏等。

二、网球运动的功能

（一）健身功能

网球运动所具有的群众基础广泛的特点决定着它受到各年龄层的欢迎，从少年儿童到白发老人都可以参与进来。主要是因为网球运动适合不同年龄段人的体力、心理、生理上的特点，打网球均能对人体健康起到积极的影响。

1. 促进人体机能全面发展

网球运动员在运动的过程中，需要高度集中的注意力和敏捷准确的判断力，对来球的旋转、速度做出准确的判断及相应的移动，根据对方的站位、身体姿势以及有可能做出的反应等来决定自己的击球采取什么样的落点和方向，这一系列的思考和动作都是在大脑的指挥下瞬间完成的。由此可以看出，网球运动在促进人体健康方面起着非常重要的作用，促使人体机能全面发展。

（1）锻炼神经系统的功能。经常打网球能够让神经系统的灵活性和持久性得到很大程度的提高，能使参与者保持充沛的活力，提高记忆力。

（2）促进运动系统的功能。经常打网球，可以提高骨骼的新陈代谢，改善骨骼的血液循环，促进骨骼的发育；可以使肌纤维变粗，肌肉变得更加结实和强壮，能够锻炼反应的速度和反应的准确性、协调性；还可以使关节更加灵活，肢体更加舒展。

（3）改善循环系统的功能。经常打网球能够锻炼心肺功能，加强心脏的收缩力，改善心肌供血机能，提高血液输出量，减缓心脏跳动速率，并能使血管保持弹性。

（4）改善呼吸系统的功能。在网球场上不断地奔跑会让呼吸动作的幅度加大，对氧气需求量增加，这样让机体内有更多氧气进行交换，运动能力逐渐增加；通过正确的呼吸方法还会使呼吸加深，频率减慢，呼吸肌得到更多休息时间，不易疲劳；长期打网球还可以增大肺活量，肺活量可比一般人多1000毫升左右。

2. 有效促进减肥

网球运动主要是以有氧代谢供能为主的耐力性运动项目，其消耗的能源物质以脂肪为主。

一般来说，在进行网球运动的过程中，最频繁的就是反复快速移动的过程。业余水平的网球爱好者进行2小时的训练中，他跑动的距离可高达5000米。但是相比单纯跑步5000米不会显得枯燥乏味，因为打网球更有乐趣，在对球的判断和追逐中往往忘记了劳累。因此，网球运动对于减肥来说是个好方法。

如果是为了减肥而打网球，切不可操之过急。整日整夜持续运动或过度地增加身体负荷都不会对身体产生积极影响。因此，要遵守循序渐进的原则，由浅入深地控制运动时间和运动量，同时要做到坚持不懈和持之以恒，这样才会有效果。

一般情况下，在坚持1～2个月的网球训练后，体重会明显减轻，但之后减肥的速率会相应下降。这时不要丧失信心，要继续努力，同时不可盲目加大运动量。要知道，网球运动是一种持久性的有氧运动，它之所以能够减肥，原理是通过小强度的锻炼，利用脂肪酸的氧化获得减肥效果。

网球的训练和竞赛中经常用到的肌肉有大腿四头肌、腰肌、腹肌、背肌、肩部和腕部等，这些都是现代人不经常锻炼的地方，经常运动不仅可以减掉这些部位的脂肪，还能使毛细血管和肌肉细胞血流量增加，增加体内蛋白质、糖原，使肌纤维增粗，身材更加健美。

3．有效防治疾病

据相关数据统计表明，经常运动可以减少20％乳腺癌、30％心脏病、50％糖尿病的概率，而且使运动者精力充沛、延年益寿。网球运动是一项积极向上的运动，经常打网球的人给他人一种健康、乐观的感觉，在网球运动中获得欢笑与开朗，就可以有效防治各种疾病。

4．有利于中老年人延年益寿

随着国家经济水平的提升、人民物质条件的改善，社会也出现中老年人口比例增加的趋势，中老年人的心血管疾病和与肥胖有关的一系列疾病越来越多，他们的健康更加引起人们的关注。虽然人的衰老、死亡是不可抗拒的，但是推迟衰老、延年益寿却是可以争取的，正确的健身运动可以使人延年益寿。

网球是最适合中老年人的一项运动。和其他运动项目相比，网球运动具有小强度、节奏可控制、对抗性因人而异的特点，腿脚灵便的中老年人完全可以尝试和承受。并且，网球一般都在室外进行，在好天气下出来锻炼，人们可以舒缓情绪，感到轻松和愉快，很容易消除因年龄产生的疲倦感，活出年轻的风范。所以，网球运动对中老年人来说是非常有益的。

中老年人经常打网球可使身体变得灵活、敏捷、矫健、富有生气，对机体的各器官具有保护和促进作用，可以推迟衰老、延长寿命。中老年人在进行网球健身时，也不能急于求成，盲目地练习，不能"过猛""过劳"，遵守循序渐进的要求。因为剧烈的运动量对于这些上岁数的人不仅造成心脑血管对心脏、脑、消化系统、泌尿系统的供血不足，而且由于肺过度通气，体内氧化不全，会造成组织缺氧，对健康并无好处，甚至会引发心脑血管疾病的发生。一般情况下，每次锻炼 30 分钟左右为宜。制定训练量还要考虑气候和季节，夏季炎热，锻炼时间可以短一些；冬季寒冷，为了充分活动身体，可以安排的时间长一些。在日常生活中，中老年人要按时参加体检，以便根据自己的体质情况合理选择锻炼项目和运动强度。

（二）健心功能

在网球比赛中，交战双方通过进攻防守，控制与反控制，有利于锻炼能力也比拼智力，还考验个人的意志品质和心理素质，培养勇于拼搏的作风和公平竞赛的道德风尚；有利于培养克服各种困难的勇气；有利于培养坚忍顽强的思想作风和光明正大的良好品德。

经常参加网球运动的训练和比赛，能够体会并学习到控制情绪和调节心理的手段和方法。例如，连续失误时，情绪必然会出现波动，此时应考虑如何使自己尽快冷静下来，重新树立信心和勇气，调整好心态；比分落后时，要保持平稳心态，不焦躁、不气馁；比分领先时，要戒骄戒躁，一鼓作气扩大优势；比分处于胶着状态时，要增强自信心进攻不手软。这些意志品质的锻炼对于网球参加者而言都是一笔很好的生活财富。

（三）教育功能

网球是贵族运动和绅士运动，崇尚文明、礼貌、高雅的网球文化礼仪。它要求参与者在参与网球运动的过程中，自觉维护和遵守网球运动的观赛守则和行为规范，形成良好的修养和举止。

网球运动虽然体现出运动员鲜明的个性，但也讲究团结协作精神，网球能够培养人们团结协作的精神。因为想打好网球仅靠自己的力量是远远不够的，需要教练的指导和球友的帮助与配合。在选手与教练之间，团体赛中队友之间，双打搭档之间都要有默契的交流与配合。而这种默契就来自全体人员所具有的团队协作精神。尤其在双打项目的比赛中，想在比赛做到配合默契，就要做到相互尊重、相互鼓励。出现失误和丢分时，一定要勇于承担责任，搭档和队友要适当鼓励，不要埋怨。这种协作精神将大大加强集体的凝聚力和战斗力，对取得比赛的胜利具有非常重要的意义。

网球文化还能培养人的诚实守信的优秀品质。业余活动中的网球比赛大多没有裁判，这就要求参与者做到实事求是和诚实守信，自觉遵守网球比赛规则，要有"球德"。诚信品质的体现应该贯穿在整个网球活动的全过程，而网球运动也是最能体现一个人诚信品质的体育活动之一。

网球运动具有很强的技术性，对于初学者而言，往往学起来十分吃力。因为第一次学习网球的人没有任何基础，很难在偌大的网球场内控制住球，许多人在刚接触网球时经常出现打不到球或回球不过网、出界等情况。网球的魅力是无穷的，但是想完全掌握这项体育运动绝对不是一件简单的事情，这就要求初学者认真学习网球的基本技术，向其他爱好者和教练请教，勤学苦练，方能在球场上渐入佳境、游刃有余。

（四）经济功能

无论是大师赛、年终总决赛还是四大满贯、联合会杯、戴维斯杯等，都会吸引无数的球迷、观众和赞助商。职业选手的广告代理商们的广告在比赛场内外都可发现其身影，稍有名气的球员都会接到赞助代言的邀请。网球明星一年的出场费、比赛奖金、广告费少则几百万，多则上千万美金。一些常年参加众多比赛的网球明星，都具有很高的商业价值，吸引着无数人的目光，自然也会收获不少的商业收入。

（五）观赏功能

由于网球运动的技术千变万化，体现出很高的观赏价值，进攻时势如破竹、气势逼人的霸气令防守者胆寒；防守时的坚忍顽强、固若金汤往往又能帮助球员变被动为主动，进行反击。这一切都展示着网球运动的魅力，使观赏者沉浸其中，目不暇接，拍案叫绝。当一场高水平网球比赛进行的时候，网球高手的能力、才智、战术、风格在产生美、表现美的时候，能使观众欣赏到他们精湛的技艺和顽强的精神，在精神上受到熏陶。与其他球类运动不同，网球运动是一种绅士运动，对观看比赛有着很严格的要求。在现场观赛时，观众与运动员应互相尊重，做到文明和安静。

第三节　网球运动的组织机构与重大赛事

一、网球运动重要组织机构

（一）国际网球联合会

1. 国际网球联合会概述

网球运动迈入现代化、竞技化的道路后，就需要成立一个世界性的组织来管理和统筹。1912 年 3 月 1 日，法国、英国、澳大利亚等 12 个国家的代表在巴黎召开会议，正式成立了国际网球联合会（International Tennis Federation），简称国际网联（ITF），总部设在英国伦敦，是网球运动中的最高组织机构[①]。

国际网球联合会把世界各个国家组织在一起，让网球运动朝着健康、文明的方向发展，同时也为世界网球运动的发展起到了巨大的推动作用。

2. 国家网球联合会主要赛事

（1）大满贯赛事。具体分别是澳大利亚网球公开赛、法国网球公开赛、温布尔登网球公开赛、美国网球公开赛。

---

① 尹树来，蒋宏伟. 网球运动理论与实践指导［M］. 北京：中国书籍出版社，2018.

（2）团体赛事。戴维斯杯男子团体赛、联合会杯女子团体赛、霍普曼杯男女混合团体赛。

（3）奥运会网球赛。

（4）男女青少年赛事。

（二）国际职业网球联合会

1. 国际职业网球联合会概述

国际职业网球联合会（Association of Tennis Professionals，简称ATP），成立于1972年的美国公开赛，是世界男子职业网球选手的"自治"组织机构。其主要任务是负责组织和管理职业选手的积分、排名、奖金分配，协调职业运动员和赛事之间的伙伴关系，以及制定比赛规则和给予或取消选手的参赛资格等工作。

国际职业网球联合会从1973年开始使用平均体系排名法，该排名法的主要弊端是使一些优秀网球选手每年参赛的次数急剧下降。职业网联负责人马克·迈尔斯为了提高赛事的水准，他改革了沿用多年的平均体系排名法，规定采用"最佳14场赛事计分体系"，达到了球员多参赛的目的，这也就是我们现在所见到的国际职业网球联合会排名。

2. 国际职业网球联合会赛事

（1）四大满贯（由ITF、ATP、WTA共同拥有）。

（2）ATP世界巡回赛1000大师系列赛、ATP世界巡回赛500系列赛、ATP世界巡回赛250系列赛和ATP挑战赛（重要程度由高到低）。

（3）ATP年终总决赛。

（三）职业女子网球协会

1. 职业女子网球协会概述

职业女子网球协会（Women's Tennis Association，简称WTA）成立于1973年，主要办公机构目前在康涅狄格州，其球员总部设在佛罗里达州的圣彼得斯堡，在英国伦敦还有分部。2008年，WTA巡回赛驻北京的亚太代表处成立，成为继佛罗里达圣彼得斯堡总部和英国伦敦代表处外，巡回赛第三个分支机构。

WTA 的体育科学部、医学部、巡回赛运作部和选手关系办公室设在美国佛罗里达州的圣彼得斯堡。WTA 由一个主席和一个董事会来管理，他们多数是现役球员，另外还有一些是商业顾问，其主要职责是负责所有球员的问题。理事会为整个网球运动的核心机构即女子网球职业协会提供建议。球员们在各个女子网球协会中有各自的代理人。女子职业网球协会决定整个巡回赛的所有规则，并资助一些表演赛，使球员们能参加一些这样的比赛而不必担心与真正的职业联赛相冲突。

2. 职业女子网球协会赛事

（1）大满贯赛事（由 ITF、ATP、WTA 共同拥有）。

（2）WTA 皇冠明珠赛、WTA 超五巡回赛、WTA 顶级巡回赛、WTA 国际巡回赛。

（3）WTA 年终总决赛。

二、重大赛事简介

（一）温布尔登网球锦标赛

温布尔登网球锦标赛（以下简称"温网"）是现代网球历史上最早举办的比赛，由全英俱乐部和英国草地网球协会于 1877 年创办。比赛时间为每年的 6～7 月。每年的大赛都是由全英俱乐部和英国草地网球协会联合举办。温网现在有 18 个草地、9 个硬地和 2 个室内球场。温网仍然保持着古老的传统：幽静美丽的天然环境，非常平整的绿草地，木质的记分板和木质看台等。绿色和紫色是温网的传统代表色，参赛选手须穿着白色球衣，这是"四大满贯"赛中唯一规定球员衣着颜色的比赛。此外，女选手在整个赛事中，其姓之前被冠以"小姐"或"夫人"（如主裁判宣布比分时），而对男选手则直呼其姓。近年来，随着商业化的进程，温网设立的奖金越来越高。单打冠军可获得约 200 万英镑的奖金，进入正赛首轮的选手至少可获得 3 万英镑的奖金。

（二）美国网球公开赛

美国网球公开赛（USOPEN）的首届比赛于 1881 年在罗得岛新港

进行，当时只是国内赛，而且只有男子单打。通常在8～9月间举行，以后每年一届。女子比赛开始于1887年。1968年，美国网球公开赛被列为四大公开赛之一。目前，该项比赛的奖金总额高达3000多万美元。美国网球的地位和高额奖金，以及中速硬地场地，吸引了众多网球高手参加。

（三）法国网球公开赛

法国网球公开赛（以下简称"法网"）始于1891年，通常在每年的5月底6月初举行。法网的场地设在巴黎一座叫罗兰·加洛斯的大型体育场内。罗兰·加洛斯网球场属于慢速红土场地，利于底线对抗，所以一场比赛打上4个小时以上是司空见惯的，这样的球赛要求球员具备超群的技术和惊人的毅力。

（四）澳大利亚网球公开赛

澳大利亚网球公开赛是四大公开赛中最迟创建的赛事，男子比赛创建于1905年，女子比赛始于1922年。比赛通常于每年1月的最后两周在澳大利亚维多利亚州的墨尔本体育公园举行，已经有100多年的历史。刚开始举办比赛时使用草地网球场，到1988年才改为硬地网球场。

（五）大师系列赛

随着职业网联改用新的排名法和调整了比赛日程后，职业网坛呈现出一片繁忙景象，世界各地赛事不断，可谓热火朝天。男子职业网球赛与以往有所不同，它将以往的超级九项赛和ATP世界年终总决赛改了名，超级九项赛现更名为大师系列赛，年终总决赛也更名为大师杯赛。大师系列赛分别在全世界九个地方举行。职业网联在选择赛事时，充分考虑了场地、资金和观众等因素，使九起赛事能充分展示男子职业网球的各种不同风格。根据场地的不同类型划分，它们是硬地——印第安维尔斯大师赛、迈阿密大师赛、蒙特利尔大师赛、辛辛那提大师赛、上海大师赛，红土地——蒙特卡洛大师赛、马德里大师赛、罗马大师赛，室内硬地——巴黎大师赛。大师杯赛也是ATP年终总决赛，在英国伦敦举行，是由全年成绩最好的8位球手参加。2002年及2005年的大师杯赛在中国的上海举行。

（六）戴维斯杯网球赛

戴维斯杯网球赛是国际网坛上声望和水平最高的世界男子团体赛，是代表一个国家整体水平的比赛，其创始人是美国哈佛大学的青年学员 Dwight Filley Davis，每年举行一次。戴维斯杯网球赛始于 1900 年。奖杯是流动的，每届冠军和队员的名字都刻在杯上。现在，每年参加戴维斯杯赛的国家多达 130 多个，使之成为体育竞赛中规模最大的年度赛事之一。

（七）联合会杯网球赛

联合会杯网球赛是每年一度的世界女子网球团体赛，它是 1963 年为庆祝国际网联成立 50 周年创办的。联合会杯与戴维斯杯齐名，一个是女子网球团体赛，一个是男子网球团体赛，都是每年检阅各国家网球整体实力的规模最大的比赛。其比赛办法与戴维斯杯相同，也要分区进行预选赛，各区成绩最好的队晋级到世界组，再进行下阶段比赛。第一届联合会杯比赛是在伦敦的女子俱乐部进行的，共有 16 支代表队参加。

（八）奥运会网球赛

1924 年，网球曾是奥运会正式比赛项目，后由于国际网联和奥委会在对"业余选手"的定义上发生分歧而退出奥运会。1984 年，网球被奥运会列为表演项目，后于 1992 年正式成为比赛项目。

第二章　网球运动教学理论与发展

发展至今，网球运动现已成为我国高校体育教学中的重要内容，成为最受师生欢迎的运动项目之一。随着高校网球运动场地和设施、器材的不断完善，网球运动在高校中也得到了很好地推广和普及，获得了良好的校园网球文化氛围。

第一节　网球运动教学的理论依据

一、网球运动认知理论

在学校中，网球教学活动的开展，既能够让学生更好地参与身体运动，同时还能够使学生掌握一些与网球相关的操作性知识。也就是说，网球运动教学的开展，是一个促使学生运动能力得以不断提升和发展的过程。

通常来说，网球运动教学应对学生的认知活动方面的诸多固定规律加以严格遵循，所以在网球教学活动过程中，网球教师要注意以下几个方面的问题。

（1）要引导学生在网球知识与网球技术表象之间建立起联系，使身体练习在网球知识—表象的定向作用下来进行。

（2）应该通过认知活动对学生学习网球运动的动机与兴趣进行相应的激发与引导。

二、网球动作技能形成与发展理论

各种理论在网球运动中都能够成为多样化特定技术的依据。只有充分理解和认识网球运动技能形成的过程，才能从理论方面为网球教学内容的设计提供相应的科学指导和支持。

具体来讲，网球教学动作技能形成与发展理论主要包括以下几个方面的内容。

（一）认知心理学理论

人体的感觉器官接受输入信息，只有通过动觉才可以意识到自己身体的运动。由此可见，认知心理学便是从加工信息的角度来阐述运动技能形成的整个过程。这一过程，可以被划分为三个连续的阶段，分别是"感受—转换—效应器"。在运动技能形成中，知觉是否正确对运动者来说有着非常重要的意义，感觉信息过多或过少都有可能导致知觉判断出现失误。感觉信息经过短时记忆（选择性记忆）转入第二阶段——从知觉到运动的转换。该阶段的活动意义在于：一是对感觉输入做出的反应；二是激起效应器的活动。而效应器的活动又能够通过反馈得到进一步的校正或者加强。根据相关研究表明，经过进行练习所形成的运动程序图式，也就是程序性记忆，它在长时记忆中得到储存。而运动程序图式是指通过长时间系统的练习所形成的有组织的系统性知识。对于一些运动技能，如钢琴、打字、驾驶等，想要达到熟练程度必须经过 1000 到 1500 小时的练习。这指的仅是一般性的熟练，即能够对该项技能熟练运用。涉及竞技运动领域，一种可以在比赛当中灵活运用的技巧的最终形成必然需要经过更长的时间。例如，一名运动员按照每天训练 4 小时，每年训练 280 天的计划来计算，待其具有 10 年球龄成为一名达到运动巅峰状态的运动员时，他就已经训练了 11200 个小时。这种具备丰富经验的运动员通过日常的训练与比赛，能够将平时遇到的各种情况与处理方式构成一套套运动图式，这些图式同时会随着训练与比赛的进行不断获得完善与丰富。

经过长期练习之后，大脑的运动图式主要表现出以下两个主要特征。

（1）非常巩固，一种特定的刺激总是能够引起与之对应的运动图式的调用。

（2）相当灵活，即在调用大脑中储存的运动图式指挥一个或者一系列的具体动作时，在具体执行的过程中可以根据具体环境的变化而出现各个不同的变式。

由此，在实际操作过程中，运动员千变万化的动作都有可能从同一大脑运动图式中产生。

（二）经典条件反射理论

1904 年，俄国生理学家巴甫洛夫设计出了经典条件反射，从而也建立起了高级神经活动学说。巴甫洛夫认为："各种教养和纪律性，都是人在整个生命活动过程中逐渐积累起来的一系列条件反射。"① 巴甫洛夫的经典条件反射理论实验设计内容如下。

在被实验的狗的腮部切一小口，安装一个漏斗，从而观察及搜集唾液的流出。首先，给狗喂食，狗会马上分泌出大量的唾液。这是食物直接刺激所引起的非条件反射，食物是非条件刺激物。其次，让狗只听铃声或者只看灯光，狗此时并不分泌唾液，由于铃声和灯光都是无关刺激物。最后，让灯光刺激与非条件刺激相继或者同时发生作用（无关刺激必须略早一点出现）狗又会分泌唾液。在这种相继或者同时发生作用的刺激多次重复之后，在铃声或者灯光单独出现时，狗同样会分泌唾液。这就表明，条件反射已经建立。这时，之前的无关刺激已经成为食物的信号，称之为"条件刺激物"或者"信号刺激物"。

巴甫洛夫经典条件反射是一种"刺激型条件反射"，其特征表现为：刺激在先、应答行为在后。在强化物与刺激结合之后，无关刺激成为条件（信号）刺激。在实验过程中，强化作用主要是增强反应之间的联系。

此外，巴甫洛夫还指出：条件反射形成的神经机制，是大脑皮层暂时性神经联系接通的过程。他将无关刺激与非条件刺激的结合过程视为

---

① 孟春雷，黄建军，洪家云. 时尚网球运动技法解析［M］. 长春：东北师范大学出版社，2011.

"强化"。强化越频繁，条件反射就会更加巩固，如果长时间不进行强化，已经形成的条件反射就会逐渐消退，而已经建立起来的神经联系也会中断。由此可见，运动技能的形成是建立运动动力定型的结果。

（三）连锁反应理论

连锁反应理论对运动技能的形成可以采用刺激—反应公式的连锁反应系列来进行解释。运动技能可以理解为动作的连续反应：刺激引起反应，第一个动觉反馈调节着第二个动作，第二个动作的动觉反馈又调节着第三个动作……于是，就产生了运动技能的连续性运动。

（四）操作条件反射理论

斯金纳作为美国新行为主义心理学派的代表人物，他对操作条件反射进行了设计，整个实验设计如下。

在"斯金纳箱"内的一壁装一金属小杠杆，小杠杆与传递颗粒食物的机关相连。杠杆被压动时，一粒食物就会滚进食盘。将白鼠放进"斯金纳箱"内，当白鼠偶然踏上杠杆时，食物颗粒会滚出，白鼠就能够吃到食物；如果再次按压杠杆，第二粒食物又会滚进食盘。通过多次偶然性的按压活动，并且每次都能吃到一粒食物（非条件刺激），白鼠按压杠杆的活动就会逐渐频繁。最后，操作性条件反射就会形成。

这种操作条件反射是一种典型的"反应型条件反射"，主要特征表现为：操作是在刺激之前发生的，强化物与反应相结合。其中，强化物的作用主要是提高操作的强度或者提高操作发生的概率。在完成相关操作之后，就会表现出强化刺激，于是操作的强度就会增加，如果长时间得不到强化，那么所形成的操作便会慢慢消退。

斯金纳的操作条件反射，除了具备巴甫洛夫经典条件反射中接受刺激、被动强化等特征外，也具有获得刺激、主动反应、提高操作概率等特征。它能够对对抗性训练的创造性动作组合的理论问题进行较为有效的解释，尤其是已有一定技能较高阶段的训练。

三、网球运动技能开放性与对抗性理论

体育运动中包含多种运动技能，而对于运动员来说，要想掌握这些

运动技能，有着不同的方式和途径。

作为一项隔网对抗性运动项目，网球技术的运用主要取决于具体实践中攻守关系的变化，并不存在固定的程序，所以网球运动技能属于开放性运动技能。在网球运动教学中，要对网球运动技能的学习和认知规律进行遵循和贯彻，将关闭式技能和开放式技能相结合，同时采用相对应的方法，并将应变能力、预测判断能力、意志品质、攻防隔网对抗能力等方面的培养放在重要的位置。

四、网球运动中人体生理机能活动变化规律

事实上，网球教学就是网球教师组织学生进行网球运动实践的过程，而身体练习是学生对网球运动技术技能加以掌握的重要途径。

身体练习必须严格遵循人体生理机能活动变化规律。在网球运动教学过程中，人体生理机能活动是从安静状态快速进入工作状态，人的工作能力也在不断得到提升，并进入最大限度的水平，之后逐渐降低。通过长时间系统的身体活动练习，不仅能够很大程度上提高学生网球的身体素质与运动技能，同时还能够使学生身体的运动机能得到适应性改善。所以，遵循人体生理机能活动变化规律，既能够促使网球运动教学的质量得到有效提高，同时还能够更好地促进人的身体健康，从而更为有效地避免运动创伤事故的出现。

第二节　网球运动教学理论体系构建

一、网球运动教学任务

（一）网球运动教学任务的制定

1. 网球运动教学任务制定的依据

（1）根据学生的兴趣与能力制定。为了获得理想的网球教学效果，就必须吸引学生的广泛关注，促使学生参与网球运动的兴趣得到提高。

教师应根据学生的身心特点，将网球运动的目的性、趣味性、对抗性结合起来，以更好地促使学生能够参与其中，促使学生参与网球运动的能力以及欣赏能力得到提高，并培养学生参与网球运动锻炼的良好习惯。

（2）根据促进学生综合素质的全面发展目标制定。网球运动教学既能够培养学生的网球运动技能，同时还能够促使学生的各方面素质得到发展，使得其德育、智育、美育等方面共同提高。在德育方面，应注重培养学生顽强的意志品质，树立遵守道德规范的意识；在智育方面，应提升学生快速判断、分析、思维、想象的能力，促进其智力水平的提高；在美育方面，提升其对于运动美的欣赏能力。在对网球运动教学任务进行制定时，要对教学内容加以充分的考虑，并进行合理选择，使学生的综合素质得到全面发展。

2. 网球运动教学任务制定的程序

（1）了解教学对象。在网球运动教学中，学生即教学对象，在对网球教学任务进行制定时，要对学生的状况加以充分了解，如学生的现有知识水平、能力水平、学习态度以及学生之间的差距等。在此基础上，再对网球运动教学的计划进行制订。

（2）分析教学内容。网球教师要对网球教学内容的功能和特点进行仔细分析，不同的教学内容其特点和功能也会有所不同，根据教学内容的功能来制定相应的网球运动教学任务。

（3）编制教学任务。网球教学任务是开展网球教学活动的基础，其具有导向、调控和指引的作用。这就需要在网球教学过程中，网球教师要将网球教学任务在教学计划中进行陈述。

（二）网球运动教学的具体任务

1. 促使学生的身体素质得到增强

在体育教学中，网球运动教学是其中的一个重要方面，而促进学生的身体素质得以不断增强是其重要的任务之一。学生有计划、有组织地参与网球锻炼，能够促使学生得以正常发育，促使学生的活动能力和身体素质得到全面发展。只有促使学生具备相应的身体素质基础，才能更好地促使学生参与网球运动技战术的学习。

2. 促使学生的网球运动知识与技能得到提高

促使学生掌握网球基本理论和技术战术，并在具体实践中进行运用是网球运动教学的基本任务之一。

3. 激发学生的创新意识和能力

不管何种形式的教学，都应注重学生创新意识和创新能力的发展。网球运动具有非常强的创造性，运动者需要根据场上的变化来对技战术进行灵活运用。网球教师应通过各种方法的使用来对学生的创新能力和创新意识进行激发和培养。

4. 培养学生顽强的意志品质

网球运动具有较强的对抗性，要想提高自身的网球技术水平，就必须具有顽强的意志品质。网球运动教学的重要任务就是培养其顽强拼搏的意志品质，发扬不畏困难的精神。

二、网球运动教学的优化发展

(一) 网球运动教学目标优化与创新的策略

1. 以学生为本策略

以学生为本就是要求教师在教学过程中要将学生作为主体，促使学生的实际需求得到满足是教师开展教学活动的前提。在教学过程中，通过对各类教学情境进行设定，促使学生与教学情境进行更好地融合，促使其能够更好地融入课堂之中。网球运动教学目标的设定就是以学生发展为本的。在网球教学中，网球教师要时刻保持积极心态，营造良好的教学氛围。在网球教学课堂中，网球教师还要尽可能多地使用表扬这一手段，对学生所获得的进步予以肯定，并鼓励他们能够更好地参与网球学习，使他们获得强劲的学习动力，提高学生的学习自信心。

总而言之，以学生为本策略是教学目标优化与创新的重点，只有明确了以学生为本，才能在各方面使网球运动教学获得保证。

2. 师生共创策略

在网球运动教学中，对于在教学中所扮演的角色，教师和学生都应有一个清晰的认识。网球教师是学生学习网球的领路人，而不仅仅是一个知识技能的传递者，其应该更多地促进学生的学习。学生应主动地参与网球教学并创新网球教学。网球运动教学工作需要教师和学生共同合作才能够取得良好的效果。

在网球教学中，应让学生更多地参与到网球教学大纲的制定当中，而并不是由教师和领导直接决定。通过学生对制定网球教学目标的参与，学生能够感受到自己被重视，使其充分认识到自身的主体地位。

3. 多元评价策略

教学评价是对教学质量的判断，有助于教学质量的提升，能够验证教学目标是否实现。在网球教学评价方面，网球教师应实现多元化，对思想进行积极转变，促使学生进行积极主动探索。网球教师应对网球教学中学生各方面的要素进行评价，促进其全面发展。网球教师在设立网球运动教学目标时，不应只是重视网球技术而忽略了学生网球理论知识的提高，也不能只注重网球理论知识而忽视网球技术的培养。

(二) 网球运动教学内容优化与创新的策略

1. 对网球教材内容进行优化创新

教材是学生学习的参考，其具有权威性和科学性特点。但是，教材内容也具有很大的局限性，其内容往往落后于运动项目的发展实践。因此，应注重网球教材内容的创新。网球教师应运用合理的手段和方法将教材内容置于教学内容当中，主要包括以下几点。

（1）对教材内容进行重组、整合以满足教学实际。教材的课程内容需经过网球教师的加工讲解，才真正成为教学内容展现给学生。因此在教学过程中，教师可根据教学目标和实际情况对教材内容进行取舍，并补充一些顺应时代发展的新事物。

（2）通过设定相关情境使教学内容背景化。在教学中，针对较难的知识，教师可以通过一定的情境设定，或者从背景知识入手，使学生更加容易理解这些知识。

（3）教师应将网球教学内容过程化，积极引导学生进行观察、调查、研究，最终掌握。学生在这一过程中不仅能学到网球运动技能与知识，也能获得全方位的发展。

2．开发、利用网球运动课程资源

（1）调动网球教师的积极性，开发课程资源。网球运动教学课的优化和创新要求网球教师必须具有相应的课堂开发的基本素养和能力。

（2）开展调查，确定课程资源的类型，明确开发的手段。首先，开展社会调查，了解尚待开发和利用的网球资源。调查的展开要广泛，应涵盖网球教育的各个层面。其次，进行学生调查，明确学生的需要和兴趣。最后，制定具体的措施，确保课程资源在网球教学当中的融入，服务于网球教师和学生。

（3）加强网球运动文化建设，使学生在各方面均养成良好的人格。

3．开发、利用学生资源

学生是重要的网球课程资源，网球课程的教学内容选择必须考虑和结合学生的各种实际情况。在学生资源开发时，必须运用先进的理念，使学生在教学中的个体差异得到尊重，促进学生主体地位的确立，使得学生成为最重要的教学资源。

4．通过多种途径提高教师素质

在网球运动教学中，网球教师的素质对教学质量有着非常重要的影响。促使网球教师的素质得到改变和提高，需要通过多种途径的共同努力。应注重教师的在职培训，积极开展网球运动的交流，促进网球教师素质的提升。

（三）网球运动教学方法优化与创新的策略

1．网球教学方法多元化策略

在网球运动教学课中，应对教学方法多元化策略进行严格遵循，不能对几种教学方法进行僵化采用。教学方法单一会导致学生失去学习兴趣，造成教学目标难以达成。总之，在高校网球教学中，多元化的教学方法具有非常重要的作用。

2. 网球教学方法的最优化策略

网球教师应注重教学方法运用的合理性，整个网球教学过程中教学方法使用应具有系统性和操作性。网球教师应对网球教学过程具有整体的把握，最优化教学方法的使用。

3. 网球教学方法的现代化策略

在科技发展迅速的大环境下，网球运动教学方法的优化创新应当积极吸收现代的先进科技，从而使网球运动教学不断获得发展。网球教师应将现代科技作为教学媒介，推动教学水平的提高。

第三节 网球运动教学的原则与方法

一、网球运动教学的原则

(一) 网球运动教学的一般原则

1. 直观性原则

直观性原则要求通过对学生感官和已有经验的积极利用，网球教师通过听觉、视觉和肌肉本体感觉来促使学生更好地感觉、认识和理解网球技战术。直观认识是深入理解和学习的基础，这对学生更好地学习和掌握网球技战术有着非常重要的意义。

在网球运动教学中，贯彻直观性教学原则应注意以下几个方面。

(1) 目的和要求要明确。网球教师应有目的地使用直观教学法，具体根据学生的特点和教学的任务等来确定。

(2) 网球教师应充分利用学生的视觉、听觉和肌肉本体感觉，通过各种直观的形式来使得学生产生清晰的表象。

(3) 直观的教学有助于动作表象的确立，其还应与具体实践相结合，这样才能够达到理想的教学效果。

2. 渐进性原则

渐进性原则是人们学习时的基本原则，这符合人们的认知规律。坚持渐进性原则，在开展网球教学时，从单一到综合，从低级到高级，使得学生逐步掌握网球技战术。

网球教师在网球教学中贯彻循序渐进原则，要注意以下几个方面。

（1）在对网球教学内容进行安排时，要注意系统性，要由浅入深，形成一个体系，促使学生得到逐步提高。

（2）根据运动技能形成规律，网球教师对网球教学内容和教学方法进行合理安排，从认知定向阶段、巩固提高阶段到熟练程度阶段，都要按照技能形成的阶段性特点及其规律来组织网球运动教学活动。

3. 因材施教原则

因材施教是教学活动的重要原则，同样适用于网球运动教学。所谓因材施教，就是要求网球教师应根据学生的特点，针对不同的学生采取不同的教学方法，尊重学生之间的差异性。

具体而言，坚持因材施教原则应注意以下几个方面。

（1）教师应了解学生的个体差异性，这要建立在相应的调查分析的基础之上，这是因材施教的基础。另外，学校的客观条件也需要进行考虑，季节、地区、场地器材设备条件等都是因材施教的客观条件。

（2）在网球运动教学中，教师应从整体进行把握，促进全体学生网球运动技能水平得到提高，完成网球教学的要求。

4. 巩固提高原则

在网球运动教学中，应坚持巩固提高原则，经常复习所学知识和技能，使得学生能够逐步得到提高和发展。

在网球运动教学中，遵循巩固提高原则需要做到以下几点。

（1）网球教师通过采用各种方式来使信息传递的有效性和准确性得到有效保证，使得学生所学的知识和技能得到巩固和提高。

（2）增加运动密度和动作重复的次数，反复强化，不断巩固运动条件反射，提高技术水平、身体素质和体育能力。

（3）网球教师要给学生布置适量的课外网球作业或家庭网球作业，将课内课外结合起来，达到巩固提高的目的。

（4）不断提出新的学习目标，培养学生参与网球运动的兴趣和进取动机。

5. 自觉性原则

在网球教学活动中，学生是学习活动的主体，而网球教师则居于主导地位，网球教学的成功同学生的积极参与存在着非常密切的联系。所以，在网球运动教学实践当中，要对自觉性原则加以积极贯彻。

贯彻自觉性原则需要注意以下几点。

（1）网球教师要对学生进行引导，使他们对网球运动的学习目的有一个正确的认识。

（2）在积极引导学生参与网球运动学习的同时，还要对其主动性和积极性进行激发。

6. 系统性原则

系统性原则指的是要以人的认识规律、运动技能的形成规律、人体生理技能活动能力变化规律、技能形态改善和增强规律等为依据，对教学的内容、方法以及运动负荷进行科学合理的安排。其中，网球教学内容应该按照由易到难、从简到繁、由主到次的方式，练习负荷由小到大、由弱到强等，如此系统循环往复地进行练习、巩固与提高，并最终形成熟练的技能。

7. 从实际出发原则

从实际出发原则主要是指，在网球运动教学过程中，网球教师要从客观实际出发，来科学、合理地安排网球教学的任务、内容、要求、组织教法以及运动负荷等。客观实际情况包括学生的年龄、性别、身体发育程度、体育基础、心理素质、接受能力以及学校的场地、器材、设备、地区气候变化特点等方面。

8. 合理安排运动负荷原则

网球运动教学的根本目的就是促使学生的身体素质得到提高，并促使学生的身体练习得到加强。这就要求学生在承受运动负荷的情况下认真学习并掌握网球运动技能，同时还需要促进学生有机体机能的适应性改善。因此，合理安排运动负荷，在使学生学习网球技战术的客观需要得到满足的同时，还能够更好地促使学生的运动素质得到提高。

由此可见，在网球运动教学过程中应该遵循合理安排运动负荷的原则。

（二）网球运动教学的专项教学原则

网球运动作为一项隔网的对抗性运动，其运动技能表现出开放性与隔网对抗性的特点。以此为依据，通过对网球运动的特点与网球教学的经验进行深入分析，可以总结出以下几个方面的网球运动教学的专项教学原则。

1. 专门性知觉优先发展原则

在网球运动中，球拍是一个工具，它能反映出网球的方向和力度等，而运动训练比赛的场地、器材等要素则构成了网球特有的运动环境，专门性知觉发展的过程就是对环境与器具的一种感知。

在网球运动教学过程中，对球拍控制球的能力进行掌握有着非常重要的意义。因此，在进行多球练习时，要促使学生的知觉得到优先发展，以更好地确保技术动作的学习。由此可见，作为网球运动所特有的教学原则，专门性知觉优先发展的原则在网球运动的教学过程中具有非常重要的意义。

2. 技术个性化与区别对待原则

网球教学是以初学者通过对网球运动的学习与实践形成符合自身条件的技术动作完成方式，技术动作的规范化是网球运动教学的目标。

由于不同运动者的身体形态、行为习惯、身体素质、智力以及网球运动的经历等方面都存在着很大的差异，因此其技术动作的完成也存在很大的差别。在网球运动教学的过程中，应该在技术动作规范化的基础上遵循个性化的原则，对网球运动的学习者进行区别对待。

3．技术动作学习与实战对抗相结合原则

在网球运动教学中，实战对抗能力处在一个非常重要的位置，这主要是由网球技术的开放性和对抗性决定的。通过进行大量的网球运动技术训练和实战训练来促使学生的对抗能力得到提高；技术动作的学习作为训练的前提，二者必须相结合才能更好地提高对抗能力。

除此之外，将网球运动技术动作的学习和实战运用相结合起来发展是与开放性运动技能教学规律相符合的。所以，在网球运动教学中，要对技术动作学习和实战对抗相结合的原则予以遵循。

二、网球运动教学的方法

（一）直观法

1．动作示范

动作示范是进行网球技术教学时最常用的一种方法。教师根据任务选择具体的动作为范例，使学生了解需要学习的动作形象、结构、要领和方法。动作示范不仅有利于学生形成动作表象，而且还能引起学生的兴趣（尤其是当示范的动作非常协调、漂亮时）。因此，教师应经常研究探讨，不断提高动作示范的质量。具体运用动作示范法时，应注意以下几个方面的问题。

（1）突出教学重点和难点。学生掌握某一网球技术动作，最主要的就是掌握该动作的重点和难点，这是技术动作的主要部分，所以在示范教学过程中，要鲜明地展示出各技术动作的重难点及关键，并辅助简明扼要的讲解，这样就使学生更能清楚地掌握动作的要点和关键，其他问题也必会迎刃而解，从而顺利地学会动作。

（2）讲究示范的位置。在网球教学中，常用的示范位置主要有以下几种。

①队列中间示范。学生面对面站队，教师位于两队中间示范。网球教学中进行发球示范时，可安排学生分两队站球场两侧观看。

②队列前示范。一般情况下，教师的示范位置应站在横队为底边的

等边三角形的顶点，使每一个学生都可以看清楚老师的动作。

③错队斜位示范。学生人数较多，列队为排，则各排之间错位适当的距离，教师位于学生队形的左前方或右前方示范，示范时可采取正面示范、侧面示范等不同形式，让学生从不同的角度掌握技术动作的要点、如果示范的位置选择不当，则会影响部分学生的观察和模仿，进而形成错误的动作概念，影响教学效果。因此，教学过程中应根据学生队形和方位，示范动作的技术特点及安全要求，合理而准确地选择示范位置。

（3）掌握示范的时机。网球教学中，可以根据教学对象和动作的难易来决定何时进行示范。有的可以先示范，后讲解，再练习；有的可以先讲解，后示范，再练习；有的可以先练习，再示范讲解；或者也可以边练习，边讲解示范。在进行挑高球技术教授时，应先讲解挑高球是把落地球挑过对手的头顶，使对手无法用高压球回击的击球技术，但这并不能使学生构建生动的动作表象，这时就需要利用示范进行教学，挑高球的技术示范包括：握拍法、准备姿势、后摆动作、击球动作、随挥跟进，示范完再安排学生根据动作要领练习。而对于发球教学，则一般应该先示范最简单最常用的发球动作，然后再进行讲解和练习。所以，示范的时机掌握应该依据不同的教学内容来选择。

（4）正误对比示范。在学习新动作时，为了使学生更清楚地建立动作概念，预防错误动作的发生，或是在纠正学生的错误动作时，为了使学生明确自己的错误所在，教师在进行正确技术示范后，可以形象地模拟一下常见的或典型的错误动作，使学生通过鲜明的对比，对正确技术和错误动作都有更明确的认识。

（5）示范动作准确优美。优美的示范可对学生产生巨大的吸引力和诱导性，为学习创造良好的心理生理条件，加快运动条件反射的建立。这就要求示范动作应轻松、大方、协调、优美，使学生的直觉感官获得良性刺激和美感，从而使学生对网球产生浓厚的学习兴趣，并有强烈参与的心理意识，这就为取得良好的效果奠定了坚实的基础。示范动作必须层次清楚，基本动作、慢动作、分解动作环环相扣，循序渐进。教学示范时，教师还要保持稳定的情绪，能够清楚地意识到示范动作的情况，掌握示范动作的质量，控制示范动作的程序，使示范动作力争优美、准确，切忌教师利用示范机会自我表现。此外，教师还要善于控制学生情绪，培养学生良好的心理素质，逐步提高学生观察能力和分析能力。

2. 利用附加装置

在球网上再加一条细绳来调节学生击球的弧线，从而达到将球打深的目的；在对方球场上放置几个圆锥体，以提高学生击球的准确性。

3. 直观教具

真人示范往往一晃而过，而直观教具可以长时间观摩，并且还可根据情况突出某个细微的环节，所以应充分利用图表、模型和照片等直观教具。

4. 电化教育

应充分发挥电影、录像的作用。看一次实际训练或比赛，往往印象不深；或看了这个，看不了那个；注意了这方面，忽略了那方面，而电影和录像却可弥补此缺点。特别是慢速电影，更有它的独到之处。

5. 录像反馈

录像反馈教学是借助于现代化的视听教育技术媒体的一种教学活动，属于电化教育范畴。录像反馈教学的方法是利用摄录系统将学生的技术动作进行录像，然后对其技术动作进行分析、评价，针对动作状况提出改进方案，让学生再次练习，并录像记录训练实况，再次分析与评价，重复进行。在网球教学中，录像的方法有以下重要作用。

（1）有效控制教学过程。录像反馈教学能使老师、学生及时得到自己已完成动作的有关信息，所以录像反馈教学不仅使教师对学生学习情况，学生对自己学习情况进行控制，还可以使教师对教学情况进行控制，尤其是个体差异的存在下，有利于教师对个别的学生个别对待。学生之间还可以互相参考他人动作，使整个技术动作优势集中化。教师可以通过录像反馈及时纠正并控制整个动作形成的偏差。

（2）反馈及时、准确。网球技术动作都是在瞬间完成，而教师又只能等学生做完动作再给予纠正，教师只记住了学生的主要错误，一些细节就被忽略了，细节动作往往在技术的形成过程中起着重要作用，录像反馈教学通过暂停、慢放或重放等技术，突出重点，剖析技术的关键，真实可信，而且有针对性，教师就可以针对某些细节对学生进行直接纠正，而且录像反馈教学还可以加强学生与教师之间准确及时地反馈，共同分析与讨论，多方位的重复刺激，可以使学生在学习的同时获得广泛的改进意见。

（3）提高学生的学习兴趣。录像以最佳的刺激形式，最适宜的刺激强度作用于学生，提高了学生的学习兴趣，增强了学生的积极性，从而获得最佳的学习效果。

（4）开发学生的潜能。录像反馈教学在教学中的作用及其师生共同参与，以民主评议等方式，全面提高了学生网球的技术水平，尊重了学生在教学中的主体地位，注重开发了学生的潜能，每一个学生都在原有的基础上得到提高，尊重和培养了学生的独立人格和独特的品质，引发学生兴趣，指导学生学习方法和引导思维方式，体现了面向全体学生、发展整体素质、民主合作与互助、主动生动、活泼和谐愉快的特征，变结论式的教学为过程式教学。

现阶段，录像反馈已被广泛地运用到教学实践和学生行为分析研究中，它的及时、准确性已被国内外众多学者所认可。它是属于现代化教育范畴的一种新教育思想、内容、方法和组织形式。录像反馈教学的形式简单，而且具有广泛的适应性。

6．助力与阻力

借助外力（如教师）的帮助或对抗力的阻碍，使学生通过触觉和肌肉的本体感觉，直接体会动作的要领和方法，多在初学或纠正错误动作或体会某一动作细节时运用。

（二）语言法

1. 讲解法

讲解法就是采用语言的方式，网球教师将网球教学的任务、具体要求、内容、动作和要领等说明后再传授给学生的一种方法。这种方法在网球教学中是一种最为普遍的语言法形式，它在理论教学、思想教育和技术教学中都起着重要的作用。

在网球实际教学中，教师运用语言启发学生积极思维，加深对教材内容的理解，促进对技术、技能掌握的基本方法。讲解的科学性和艺术性，是教师教学水平的一个重要标志，对教学效果有很大的影响。教师在教学过程中要不断总结经验，在语言表达上做到精益求精。运用讲解法时，应注意以下几点。

（1）讲解要有系统性和逻辑性。网球教学中教师讲解的内容必须具有科学性、系统性和逻辑性，教学内容要全面、完整，注重新旧知识的有机联系。讲解时，必须依靠教学大纲的要求和教材的特点，根据学生的认知规律，从简到繁、由浅入深地进行讲解。讲解技术动作一般按照动作形式—用力顺序—动作幅度、衔接和速度—原理依据—动作节奏等顺序进行。正拍抽球是网球中最常见的一种基本击球方法，在讲解时先要讲清楚准备姿势，再讲动作顺序：后摆引拍—挥拍击球—随挥跟进动作。此外，讲解时还必须用专业术语来描述动作的过程、身体各个部分的位置、运动方式以及身体与器械的关系等。

（2）讲解要有启发性。网球教师在讲解时善于运用启发性语言，启发学生利用自身的知识和经验去分析问题，自觉地解决技术中存在的错误，加深对技术动作的理解，调动学生自觉学习的积极性。老师在提问时语言要深入浅出，使学生对技术要求达到知其然，并知其所以然，起到事半功倍的效果。在进行截击球动作教学时，老师可以先对学生进行提问："利用什么方法可以有效纠正截击动作？"通过这一问题启发学生去分析截击错误动作的原因和各技术动作的要领及关键，让学生充分发挥自己的想象去想解决这一错误动作的方法，不仅调动了学生学习和思考的积极性，更能加深对截击球动作的理解。

（3）抓住时机讲解。讲解贵在及时，只有抓住最有利的讲解时机，才能最大限度地帮助学生快速准确地掌握动作要领。在刚学习网球动作时，学生对技术还不了解，这时应该对技术的动作要点进行详细的讲解分析。等学生基本掌握了技术后，则应以精讲为主，主要是针对错误进行讲解，留更多的时间让学生自己去练习和改正错误。例如，网球击球动作中，可能会出现击球时肘关节在手腕后面、拍头在前的错误，这时要分析错误原因：向后引拍时，后摆动作过大，并且肘关节没有弯曲，伸直挥臂。然后针对错误讲解训练方法：①前挥动作要缓慢，击球点落于体侧，为了能击正球必须把拍头托后，使得手腕领先；②注意大小臂的夹角，把拍头翘起，前伸到位，击球时拍头顺势向前上方挥击球；③击球时，手腕要固定，确保球拍不转动、不变向。讲解时机是否恰当，主要靠老师的细致观察和准确分析，只有抓住了问题所在，并加以及时讲解，才会收到好的效果。

（4）结合示范。网球教学中，讲解和示范是相互补充的。示范主要展示动作的外部形象，讲解则能反映技术的内在要求。正确的动作示范配以生动形象的讲解，能够引导学生把直观感觉和理性思维很好地结合起来，达到更好的教学效果。

（5）简明生动。网球教学中，动作技术的讲解不仅要言简意赅，恰到好处，而且还要掌握语言的技巧，能够运用贴切的比喻、术语和口诀进行讲解，确切地表达动作技术结构和要领。在讲解中，可以把网球发球动作比喻成"甩鞭子"，从而便于学生建立初步的动作表象。例如，完整的网球正手击球动作是：准备引拍，然后挥拍击球，最后是击球后的随拍动作。把这三个动作编成一个小口诀："一引二挥三随送"，这样学生更喜欢听，也更容易记，老师的教学效果也会明显提高。

2．口头评讲

口试是在测验或考试时要求学生用口头回答的一种方法。学生在回答过程中，教师遇有疑问或觉得有必要进一步发问时可进行提问。此法既可了解学生掌握知识的情况，又可锻炼学生的口头表达能力。

口头评讲运用很广泛，是教师对学生掌握知识、技术、技能的情况和思想作风等方面表现的一种反馈。在网球技术教学中，一般运用口头形式给学生以即时反馈者为多，即在学生做练习后马上进行指导或提出新要求。最好在完成动作后的 25～30 秒内。因为一般对动作的记忆大多是在大脑皮层的短时间储存，超过 25～30 秒就会消退 25％～30％。

在口头讲评学生的思想作风表现时，原则上应实事求是，但对自尊心强、比较敏感的人，应讲究说话的方式和方法。

3. 阅读书面材料

现代教学不一定都要老师讲，很多时候可以让学生看书面材料。这不仅可使学生获得知识，而且还能培养学生的自学能力。另外，教师还经常以批改训练日记等书面形式对学生进行教育和指导。

语言法是一种非常行之有效的教学方法，通过有效的语言反馈，可以使学生从外部获得自身所做动作正确与否的信息，从而有利于学生掌握动作。这种对某一特定技能的正确理解的方式有利于大脑对动作的记忆和动作定型。因此，正确有效的语言使用有利于加快学习过程的效果。使用语言法时，要注意以下几点。

（1）针对可改变的行为。反馈应使学生集中在能够做到的动作改变上。例如，有的学生击球动作正确但球速不快，在这种情况下，教师应针对全身肌肉力量差这个原因反馈给学生。因为这个问题是可以通过训练得到改进的。

（2）及时。在学生完成动作后应尽可能快的给予有效反馈内容。这时学生对刚完成的动作有更清楚的记忆和运动本体感觉，所以是从反馈中汲取有益东西的好时机。

（3）建设性反馈。建设性反馈承认学生动作的积极方面，并提出改进的积极方法。例如，在学习发球时，建设性地反馈内容（有效的）是："你发球的力量很大，已经对对方造成了威胁。但是，要注意对球的落点提高控制，并增加发球的稳定性。"

（4）针对性强。针对性的反馈内容应包括有关学生应如何去做，以便解决或纠正问题的简单而明确的信息。它可以使学生了解一个错误动作的原因。例如，在练习正手击落地球时，针对性的反馈内容（有效的）应是你的击球点应在身体的右侧前方，这样有利于发力，太后会影响你的击球效果，因此要提前挥拍；而泛泛的语言反馈（无效的）内容是："你这次正手击球不是十分好，击球时太迟了。"

（5）一次只纠正一个错误动作。一个学生一次只能对一个指令产生反应。教师应记住他观察到的所有情况并且确定哪个错误动作是最主要的。任何反馈都应一次只纠正一个错误动作，并要首先纠正最主要的错误动作。

（6）明确。检查学生是否清楚地理解了反馈内容是非常重要的。让学生告诉你他对你说的内容怎么想，或者他认为你想让他怎样做。如果他已清楚地理解了你的反馈，你可以强调一下反馈，"是的，这正是我的意思"。如果他误解了，你则可以澄清自己的意思。

（三）练习法

网球教学中分不打球的徒手动作练习与打球练习。不打球的徒手动作练习包括手法、步法及二者的结合练习。打球练习又可分为不上场（如垫球、拍球、对墙击球等）与上场的打球练习。上场的打球练习，又可分为单球与多球练习，也可分为单人击球练习与对打练习。

在网球课的实际教学训练中，教师无论采取何种练习方法都必须考虑一些最基本的要求，如场地数量、学生人数、可使用的球数、学生的水平、练习目的、学生送球的能力（用手送、用球拍送或对打）、挡网、后挡墙和其他可提供的设备等。常见的网球练习方法有以下几种。

1. 挡网练习法
挡网练习法是教师让学生在场地周围向挡网击球的方法。

2. 对打练习法
对打练习是为了学生在对打中提高技术或技能。对打练习富于刺激性和挑战性，能使学生学习判断球、控制球的能力。对打练习能使学生跑动，在对打练习中教师可交替着同每个学生进行对打。对打练习有如下方法。

（1）单独击球。单独击球是学生和教师在球场的同一边，学生围成半圆以便教师能即刻观察每个学生。学生只朝目标击打。

（2）有障碍对打。有障碍对打如在球场纵向中间拉一根绳子，形成6个小球场，12个队员可同时进行练习。

（3）无障碍对打。无障碍对打是学生面对面，互相打给对方或打过假想的障碍。

（4）过网对打。从半场到全场的对打，这个练习通常在一块球场上，最多可有6名学生对打。每次对打后进行轮换，因此可有12名队员进行练习。

3. 教师送球，学生排队轮流击球练习法

教师将学生分成两排，教师和其他协助教学者分别给每组送球。当在排头的学生打完球后，学生必须保持运动去捡球（如跑到球场对面捡球等）。

4. 击球—抛球—捡球练习法

当教师或协助教学者不够时，一组内的学生可以互相送球。送球者可被当成教师（伙伴教学法）。其他学生为捡球者。学生必须在几分钟内进行轮换。这种练习方法可以使教师在训练课中进行巡视，并能帮助解决个人问题。

5. 多球练习法

多球练习时应考虑以下问题。

（1）球筐放在教师不持拍的一边，这容易让队员把球放进筐里，也可使教师拿球方便，提高送球效率。

（2）根据每个学生的水平变化送球的速度和难度。

（3）送球时，观察学生而不要盯着球的飞行。

（4）人数越多，每个学生多球重复的次数越少。

（5）在行列中等待打球的学生要保持运动（如挥拍、慢跳等）。

（6）人数多，快速送球是可取的（如同时给两组送球）。

6. 多种形式练习法

把一个班中水平相同的学生分成一个组，使用多种练习方法。每种练习方法（通常在一块球场上）组成不同的活动或练习（如一个场地练习发球，一个场地练习拦击，一个场地练习底线击球）。在一段时间后各组进行轮换。当训练将要结束时，每个学生都进行了各种不同的形式练习。

通常有些练习没有特定的目的，只是为了保持学生的注意力。这些练习可以用来弥补技术训练中跑动较少的问题。教师在训练安排中，应坚持有 10～20 分钟的这种练习，并应将这些练习融合到训练课中，并不时地进行，以达到保持兴趣的目的。

7. 比赛式对打练习法

教师送球给学生，并结合比赛中的情形进行练习。如教师送一个正手和一个反手，一个中场随击球，一个拦击和一个高压等。

（四）预防与纠错法

在对新的网球技术动作进行传授之前，网球教师要对其中可能出现的错误进行考虑，并采用措施进行预防。但由于各种原因，学生在学习中仍会产生这样或那样的错误，网球教师应及时纠正，谨防形成错误的动力定型。

1. 预防法

预防法是指在网球运动教学过程中，网球教师所采用的所有有效的防范错误动作产生的方法和手段。在网球教学中，根据网球教材的特点和内容，网球教师要预先提醒学生可能出现的错误，或采用必要的教学手段进行预防，对已经产生或偶然产生的错误动作要进行及时的指正，以避免学生形成错误的动作，减少错误动作的出现。

2. 纠正错误法

纠正错误法是指对于学生个体出现的错误或者机体存在的一些共性错误，网球教师要采用相关的方法和手段进行有针对性的纠错。在具体的教学过程中，常采用的纠正错误动作的方法有正误对比法、矫枉过正法、降低难度法、附加条件法、限制教学法等。

对错误动作进行预防和纠正，首先要将错误动作产生的原因找出来，然后再根据具体的原因对症下药。例如，有的学生学习目的不明确，对所学动作的技术概念不清，这可能是由教师与学生两方面的原因造成的。如教师讲解不清或教法不当，学生不虚心听讲，自以为是或本身理解错误都可能形成错误的概念，形成不正确的动作，应请学生讲解并示范动作要领，发现错误，及时纠正；有的学生怕动作大，以至形成腰、腿都不会动的错误动作，出现这种情况教师要从道理上讲清、用实例说明；有的学生身体素质不好，如协调性差，打球动作僵硬等，教师要有针对性地对其进行身体训练。总之，要根据具体情况来进行具体分析，采用有针对性的方法予以预防和纠正。

（五）完整法与分解法

在具体实施教学时，一般有完整教学、分解教学两种方法。

1. 完整教学与分解教学

（1）完整教学。完整教学是对于一个动作部分段落和部分，从动作的开始到结束进行完整的教学。这种方法可以有效保持动作的完整性，不会破坏动作的完整结构，也不会破坏动作各部分之间的联系，便于学生完整地掌握正确技术。完整教学法常用于比较简单的动作。

（2）分解教学。分解教学是指将一个完整的技术动作划分成几个部分，然后按部分进行逐次教学，以对动作技术进行完整掌握的方法。通过进行分解教学可以将复杂化为简单，化困难为容易，以使复杂的动作变得更加简单、明了，使整个教学过程得到简化，促使学生学习的自信得到增强，有助于学生更好、更快地掌握复杂的技术动作。但是，分解教学如果运用不当就容易造成动作割裂，破坏动作结构的完整性，从而影响正确技术的形成。因此，在进行分解教学时，要使学生明确所划分的部分在完整动作中的位置与作用；同时还要考虑到各部分动作之间的有机联系，使动作部分的划分不致改变动作的结构。通过进行分解教学，在对动作进行初步掌握之后，还要适时过渡到完整动作练习，以更好地对完整技术进行掌握。需要明确的是，分解只是一种手段，而完整才是最终的目的。

（3）综合运用。分解教学与完整教学是相对而言的，对于整体来说是分解，对于局部来说则是完整。应根据动作的复杂程度和学习者的接受能力而选择合适的教学方法。通常来说，学习简单技术时，完整法优于分解法；而学习复杂动作时，分解法又优于完整法。动作的复杂过程，对具体学生来说也是相对的。对基础好、学习能力强者，可能是简单技术，宜采用完整法施教；而对基础差、学习能力弱者，则可能是复杂技术，宜采用分解法施教。

在网球运动教学中，网球教师要善于将完整教学和分解教学两种方法进行有机结合起来。采用分解教学要将对完整技术进行掌握作为目的，通过进行分解练习，来对动作要领进行体会，并通过积极创造条件，来向着完整练习进行过渡。在完整教学中，亦可以用分解法来加强局部动作的练习。

在网球运动教学中，"完整、分解、再完整"练习法是最为常用的方法之一，它是一种以完整教学作为主导，将完整法和分解法进行有机结合的一种教学方法。在具体的教学过程中，网球教学在对相关技术进行示范和讲解之后，就要让学生进行完整试练，使学生初步建立完整动作概念，然后再进行分解练习，以促使学生能够对分解动作要领进行初步掌握，最后再进行完整动作的练习。"分解、完整、再分解、再完整"练习法也是比较常用的一种方法，先进行分解练习，使学生对分解动作要领进行初步体会，接着进入到完整练习，然后再进行分解练习，对局部技术加以改进，最后进行完整练习。通过这样的几次循环之后，便能够达到对动作技术进行完整掌握的目的。

2. 方法选择的依据

教师在选择分解和完整教学法时，一般应考虑以下几个因素。

（1）学生的水平。一般来说，在训练初学者时更多地使用分解教学法，训练高水平的学生时更多地使用完整教学法。

（2）技能的复杂性。一般来说，当教有难度的技术动作（如发球）时，更多地使用分解教学法，当教易学的技术动作（如正手击球）时，更多地使用完整教学法。

（3）技能组合的难度。原则上，在训练技术方面时更多地使用分解教学法或混合教学法，当训练战术方面时，更多地使用完整教学法。

总的来说，面对学生水平低，训练目标难度大（如打超身球的战术）等情况，最好使用混合教学法；面对水平较高的学生，训练目标容易达到（如侧身正手击球）时，最好采用完整教学法；面对水平较高的学生，但训练目标难度非常大（如两分之间的行为反应）时，最好采用分解教学法。

（六）比赛法

比赛法既是教学的方法，又是检查教学的手段，在调动学生的积极性方面具有特殊的作用。

1. 比赛法分类

根据比赛的内容：专门性的技战术比赛（如正手底线对攻比赛、发球上网比赛等）、实战性比赛。

根据比赛的规模与气氛：内部比赛、公开比赛。

根据比赛的分数：规则规定的比赛、特定比分比赛（如抢四局、AD 后、Duece 后或抢七等）。

2. 比赛方法选择的依据

运用比赛法时，可根据不同的目的，选用不同的比赛方法。另外，还应特别注意在整个网球教学计划中比赛所占的比例。

（七）游戏法

游戏法是指采用游戏的形式，在一定规则范围之内，使学生的创造性和主动性得到充分发挥，从而达到网球教材内容所制定的预期目标，而组织学生进行学习的方法。

三、网球运动教学的功能

网球运动教学尊崇文明、礼貌、高雅的文化礼仪。教师要求学生在参与网球运动的过程中，自觉维护和遵守网球运动的观赛守则和行为规范，形成良好的修养和举止。

(一) 育人功能

现代学校网球运动的教学项目，更侧重于强身健体和培养参与意识。实际上，竞争意识必不可少，没有竞争，网球运动就毫无生气。竞争体现了智能、体能、技能、心理等综合素质的较量，在竞争中优胜劣汰。人类生存的社会与体育运动颇具相通之处，社会运行同样充满了竞争，在竞争中有些人成功，有些人失败。教师要对学生进行生存和竞争意识的培养，在教学中，充分利用显现的和潜在的教育机会，潜移默化地培养学生的竞争意识，除教授运动技术基础知识、提高学生的运动能力外，更重要的是教育学生如何做人，启迪他们要勇于和善于运用竞技、参与竞争，要成为生活的强者。

教师除通过技术分析讲解、示范、提出技术关键外，更重要的是要调节学生的心理状态，激励学生保持一种积极进取、努力奋争的精神风貌，发挥个体最大的体能潜力。而学生不但要进行身体素质和体力的较量，还要进行智慧意志力的竞赛。教师要肯定成绩，指出其不足；鼓励落伍者，争取好的成绩。在沉重的潜意识中，学生总是竭尽全力发挥体能，不断提高自己的技术水平，自强奋进，避免过早淘汰。因而学生会积极思维，千方百计寻求竞争取胜的途径。在网球运动中，由于生理和心理特征的影响，学生往往表现出奋不顾身、求胜怕输的情感反应，教师要善于捕捉瞬时教育机会，用积极情绪诱导学生的学习行动，由此及彼，延伸教学效果。教师要引导学生认识到社会生活、人生旅途犹如一场运动，要奋力进取，正视困难和暂时的失利，懂得社会生活的坎坷艰难，只要努力进取，就会成为生活的强者，寓生存教育于平凡的网球教学之中，用生动的教学实例升华学生竞争求胜的思想意识。

1. 培养团队协作精神

团队精神是学生在集体项目中的重要精神支柱。网球竞赛需要个人奋进、顽强拼搏的勇敢精神，更需要团结协作、互相配合的合作精神。缺乏配合、协作的运动队，要战胜对手是极其困难的。在网球运动教学中，相当数量的教学练习是以集体活动为主，教师要抓住契机，教育学生明确自己在整体中的位置及应做的贡献，努力完成自己的角色任务，和其他同伴密切合作，发挥出每个人的体力和智力，凝聚众志，方可成功。

教师既要提高学生的个人基本技术和技能，使之具有良好的体能水平，更要强调集体合作精神，重视学生善于与人协作意识的培养，让学生明确个人技术是组成全队战术的基础，战术的核心是相互配合及协作。通过教学，逐渐强化学生重视集体力量，倡导学生团结协作、共同胜利的整体观念。教育的作用在于启蒙、升华学生的思想。学校的运动教育，目前正在建立让学生终身受益的教育模式，培养学生团结协作的良好品质，学生在群体项目教学训练的学习氛围中，将受到团体意识的熏陶，逐渐认识到集体与个体的关系，体会到团体协作的重要价值，从而在社会生活中养成积极与他人合作的优秀品质。

2. 培养社会意识

网球运动有严格的比赛规则，网球运动在长期的动作过程中，运动与约束机制在实践中不断完善和充实，在规则面前，人人平等。网球教学也不例外，教师以比赛规则为准绳，加强学生的理论知识教育。学生的学习锻炼活动，要受网球规则的制约，并不是随心所欲的无序活动。尽管学生参加网球教学活动的根本目的是锻炼身体，增强体质，但同时必须规范自己的行为，使其在网球规则允许的范围内。在网球教学中，学生受到的不单纯是教育，而在意识深层兼容着规范行为的启迪。网球运动教学的独特育人内容与形态极其巧合地提供了对学生加强法制教育的契机，网球运动规则与社会法律对参与者的制约具有同样的道理。学生在网球活动中耳濡目染及亲身体验在规则制约下的运动竞争，在意识中逐渐确立的并不仅仅是规则现象，而是对社会法则的认同感，是对自己及社会行为负责的遵法意识。因此，在网球运动中，通过讲授竞赛规则，让学生接受遵纪守法的社会意识教育。

3. 提高意志品质

网球运动教学独特的学科特点是受教育者身体的直接参与。学生在学习活动中，既有思维判断的智力投入，又有凭借身体体能的体力投入。网球运动教学目的是，通过学生的运动练习，提高学生的综合身体素质，掌握知识、技术和技能，增强学生体质。由于参与网球运动的学生的体质不同，同一学生在不同季节情绪状态也存在差异，因而较难平衡掌握。然而网球教学要求必须在确定的时间与空间内，完成单个动作或组合技术，超过一定的体力消耗，学生必须用顽强拼搏的意志克服肌肉痛苦和神经疲劳。教师要造就学生良好的精神素质，并非一蹴而就，需经长期的教育实践，在教学训练中积累、强化、磨炼。

教师要抓住教育机会，结合学生思想实际，强调顽强拼搏是取得优异成绩的关键，鼓励学生奋发图强、争取胜利，要让学生明确身体耐力与精神耐力对自己人生的重要价值，在学习及事业上，只有锲而不舍、矢志不移，才能获得成功。

（二）社会功能

在网球运动教学中，兴趣对认知和技能形成的过程起着重要的作用。从行为科学角度来看，兴趣是人积极探究某种事物或进行某种活动的倾向。但凡一个人对某项活动有了兴趣，并且形成相对稳定的心理倾向，他就能充分调动主观能动性，创造性地、执着地去追求，加之网球教学活动中学生对趣味性强、游戏化的教学形式感到快乐，特别是为能掌握新技术、充分展示自我的个性而感到快乐，这些习惯的形成对学生创新能力水平的提高创造了条件。

1. 网球运动有利于提高人体适应各种环境的能力

网球运动能够提高人类适应和改造自然的能力。网球运动在增强体质、延年益寿、娱乐身心、磨炼意志等方面功能的体现，是与可持续发展满足人的基本需要，提高人的生活质量，实现人类在人与自然与社会协调发展的目标相一致的。面对气候变化，如寒冷温热、大风暴雨、电闪雷击，自然界的动物、植物必须适应自然界的这种变化，才能生存发展；不适应自然环境的恶劣变化，又无法改变自然环境，在这样的情况下，只有灭绝淘汰。但是，人是有创造力的，能千方百计设法适应这种自然变化：一是改变自然环境条件，如改变居住条件，改善生态环境，提高水、空气的质量；二是加强人类自身的适应能力。

网球运动是提高人体适应自然环境的最佳方法之一。长期进行网球运动能增进健康，强壮体格，身体的各个组织系统在中枢神经支配下，承受外界刺激和协调各组织系统能力都将得到增强。在大自然环境中进行网球运动，能使机体得到锻炼，适应能力不断提高。教育者普及运动、发展运动的任务还相当繁重，在一些地方由于对运动不重视，引起一些严重后果。

网球运动还有利于提高社会生活的适应能力，社会是一个由政治、经济、文化等因素构成的交互场所，每一个人在社会当中都充当不同的几种，甚至多种社会角色。在不同的场合以不同的身份与他人交往，能根据不同的社会环境进行相应调整，做出恰当的、合乎角色的反应。这是社会适应能力的重要表现。而网球运动场合，恰好能为人们学会承担社会角色提供优越的环境与适宜的条件。实践证明，在球场上，球友很容易拉近关系，取得信任。在运动过程中，人们可以任意张扬各自性格，发挥自我所长，尤其是网球运动，一个可以让人任意奔跑的场地，通过这样的一个活动方式，人们可以切磋球艺，快速增进友谊，还能在其他方面相互学习，取长补短，提升自身素质。

因此，要加大宣传力度，树立起以满足人们的基本生活需要为主要目标的思想，继续提高认识，要把运动的发展放到"人的全面发展"来认识。

2. 网球运动有利于促进人际关系的发展

人际交往是指在社会活动中人与人之间进行信息交流和情感沟通的

联系过程，它反映了个人或团体满足其社会需要的心理状态，人际交往的发展变化决定双方社会需要的满足程度。网球运动能增加人与人接触和交往的机会，缩短互相之间的距离，进行互相沟通。运动历来是人生的友谊使者，如人们原本互不相识，通过一次球赛，一次活动，彼此间就有了初次的了解，搭起了沟通的桥梁，这对于一些性格外向者就可以进一步通过活动，使社会交往得到满足，而性格内向者则可通过多次积极参加活动，忘却心中的烦恼与痛苦，消除孤独感，逐步形成与人交往的意识和习惯，使个性逐步得到改变。

（三）显性功能

教育的显性功能指教育活动依照教育目的，在实际运行中所出现的与之相吻合的结果。如促进人的全面和谐发展、促进社会进步等，就是显性教育功能的表现。显性功能的主要标志是计划性。网球运动教学的显性功能，指教育者有计划、正面又直接地教育学生。

1. 网球运动教学显性功能的属性

所谓显性功能即教学过程所产生的已被教学参与者理论确认与实践把握、具有明确预期作用、直接方式、效果和实际的功能。增强学生体质，提高健康水平，传授网球技术、技能和卫生保健知识、进行思想品德教育和意志品质培养等教学功能，都可归入网球运动教学显性功能范畴。

2. 网球运动教学显性功能的具体表现

（1）提高身体素质

网球运动体力消耗较大，要求学生必须具备良好的身体素质，才能充分发挥他们对于技术和战术的掌握，同时也能有效地预防运动损伤的发生。另外，网球比赛通常是由多个短暂的剧烈运动和休息时间段间歇组成的，一场网球比赛用时通常在 1～4 个小时不等，要求学生不仅要有较强的速度和力量，更要有坚韧的毅力和耐力，这样才能击出高质量的球。

学生具备良好的身体素质是保证打网球时学习和掌握战术的保证，

也是获得比赛胜利的基础，因此加强身体素质十分重要。同时拥有良好的身体素质也能有效地减少学生在训练或者比赛过程中受到损伤，有利于培养学生健康的体魄。

身体素质是个体的形态与机能的综合表现能力。通常把身体素质分为力量素质、速度素质、灵敏素质、耐力素质和柔韧素质等。在网球运动教学中进行运动训练，目的在于增强学生的身体健康，提高各器官、系统的机能，全面发展运动素质。

①加强力量素质

著名的网球运动员大威廉姆斯，发球速度能够达到 206 千米的时速，这也是女子网球比赛中最快的发球记录。纵观国际重要赛事的比赛，在击球过程中具有强大的力量是取胜的关键。击球的力量主要来自运动者的身体协调，由腿部、腰部转到肩部，最后再传到手部进行挥拍发球。无论是发球还是截击，都需要通过全身的力量来配合的，任何一个局部力量都会对球的力量产生影响。

力量素质是网球运动学生重要的身体素质之一。没有力量，要提高运动技术将会遇到许多困难。力量影响着速度、灵敏和耐力等素质；力量的增加会有助于爆发力的增强，同时也是影响肌肉耐力的一个重要因素；力量还有助于灵敏，因为适宜的力量可使学生更好地控制和操纵自己的身体。因此，教师要重视加强力量素质。

②锻炼速度、灵敏素质

速度和运用速度的能力，是所有球类项目必不可少的，在网球运动中，速度的重要作用尤为明显。网球比赛需要运动者长时间、不间断地快速跑动、击球，能做到反应迅速、起动快、移动迅速，是比赛取得好成绩应具备的条件。根据网球运动的特点，教师要提高学生对复杂信号的反应速度。灵敏素质对网球运动学生来说也是必不可少的。灵敏素质的优劣，往往决定着技术水平的高低。灵敏素质是力量、反应能力、速度、爆发力和协调性等素质的综合反映。

在一场网球比赛中，由于脚步不到位而引起的失误通常会占到整场比赛失误的 70％，因此对于速度与灵敏度的素质训练是十分必要的。一般在网球运动中的移动路线主要分为向前、向后和向侧三个方向，而向侧是其中最为关键的跑位方式。因此，教师对于学生速度与灵敏性的训练也要集中在多方向的跑动训练中。学生在参与网球比赛时，通常需要长时间、不间断地快速移动，如果反应迅速并且身体能够随之快速移动，则能够在很大程度上提升获胜的概率；如果在灵敏度方面处于弱势，则其技术和战术上的优势也就无法充分发挥，尤其是针对对方发球的截击，一般需要在短时间内对对方的球速、旋转度、力量等因素进行判断，进而快速做出截击，才能得分。因此，速度与灵敏性是网球运动教学中身体素质训练的基本要素，而且在网球运动中发挥着重要的作用。

③发展耐力素质

一场网球比赛的持续时间较长，要求运动者有良好的耐力素质以保证技术、战术的正常发挥。因为在技巧性和精确性要求较高的网球比赛中，疲劳会直接影响动作的正确完成，使失误率增加。当神经肌肉疲劳时，对对方来球的判断、反应、动作速度以及协调性和灵活性也将随之下降。

网球运动的过程是一个不间断的过程，如果没有持久的耐力则无法保证顺利打完一场球，尤其是在比赛的过程中，如果运动者的耐力不足，则其击球的速度和力量就会受到影响，而且无法做出快速的反应和灵敏的移动，这对于比赛的胜负都会起到关键性的作用。因此，网球运动教学中教师必须重视发展学生的耐力素质。

④增强柔韧素质

柔韧素质在网球运动中也很重要，缺乏柔韧性，动作则显得僵硬不协调，甚至难以完成一定难度的技术动作，良好的柔韧性还能减少在运动中的损伤。发展柔韧素质主要采用拉长肌肉、肌腱、韧带和皮肤的练习。因此，网球运动教学中，教师通过柔韧性素质的训练，增强学生身体整体的柔韧度，加强关节与肌肉韧带的伸展性。

此外，要充分利用各种素质之间相互促进的关系。网球运动教学中对学生进行身体训练时，教师要充分利用各种素质之间相互促进的关系，尽量避免它们之间相互制约。例如，选择发展耐力素质的较长距离跑时，学生练习次数过于集中，跑后又不注意进行一些快跑练习和快频率的动作练习，就容易导致动作速度和快速动力定型的消退，使速度和爆发力下降。又如，力量训练对提高速度有良好的影响，但是，只有结合专项特点来发展某些肌群的力量，才能对提高成绩有意义，如果片面采用大负荷的力量练习，往往会降低肌肉的弹性和放松能力，使速度的发展受到不良影响。因此，网球运动教学课堂上教师训练学生时，必须注意尽量避免各素质相互制约的一面，而充分利用它们之间相互促进的一面。

（2）提高心理素质

目前，不少学者认为，随着运动技术水平的不断提高，运动者生理能力的挖掘已逐渐接近极限，再靠加大运动负荷和延长训练时间的做法已无多少余地，而人最大的潜力所在则是其心理能力。运动实践证明，许多优秀网球明星在比赛关键时刻取胜，大都归结为心理上的优势，而不少比赛失常的选手都是因为精神过度紧张造成的。

网球运动教学中，教师对学生进行心理素质训练，是指有目的、有意识地对学生的心理施加影响，并采用相应的方法和手段，形成学生良好的心理状态和个性特征的过程。心理素质训练的目的是培养和发展学生在紧张的训练和比赛中所必需的心理品质和个性心理特征，使学生学会控制和调节自己的心理状态，以便更好地适应训练和比赛的要求，并取得好成绩。

①视知觉训练

准确、明晰的视知觉，对网球运动学生具有特殊的意义。网球体积小、速度快、变化多，这就要求学生有良好的视知觉。在比赛中，对方的击球动作、击球时的拍面角度和方向、球在空间运行的特点、对方的动向等，这一系列复杂的过程，只有在视知觉准确辨认的基础上，才有可能完成有效的应答行动。

教师在日常训练中要有意识、有目的地采用各种有效的方法和手段，对学生的视知觉进行系统训练，这样将更快地提高他们的视知觉能力。例如，可采用各种手势信号让学生随手势做各种动作，可在场地中设置"打准练习目标"标志，教师将准备好的若干个球放置在场内不同位置，让学生由背向球转向面对球，并快速说出球数等。这些手段和方法均能有效提高网球运动学生的视知觉能力。

②集中注意力和注意分配训练

注意是人的心理活动对一定对象的指向和集中。网球运动教学训练中，要求学生的精神必须高度集中，这是因为网球是技巧性很强的项目，技术复杂细腻，稍有分心就会影响训练质量。比赛时，运动者的注意力集中，指向稳定，能排除周围的不良刺激和干扰，处于情绪陶醉状态，就能在任何情况下都能做出正确的判断，及时做出决定。所谓注意的分配是指在同一时间内，把注意力分配到两种以上的对象或活动上去。注意分配是注意力集中的一种特殊表现，只有高度的集中才能有合理的分配。在比赛中，运动者会受到大量的、无规律的复杂刺激，这便要求他们具有善于分配注意的能力。教师可以在练习中要求学生将注意力很快集中在比赛中，注意球、场地和比分，注意去看球，分析来球情况；还可在不同的干扰条件下进行练习，干扰条件包括外部的，如气候、观众、环境等；也包括内部的，如疲劳、情绪激动等。若出现打球失误的情况，教师要教导学生应立即摆脱因失分导致的不良情绪，汲取经验去打下一分球。

③判断、反应能力训练

判断、反应能力训练是指运动者在有效地使用自己的技术之前，依据场上情况，决定使用的技术和战术。在网球运动中，运动者大脑中反映的场上信息一般有：对手的站位、对手的移动方向、对手使用的技术动作、球的路线、落点、速度和旋转方向。运动者依据上述情况做出相应的反应，即决定所用的技术动作、决定击球的落点等。所以，网球运动教学中教师在训练中要不断要求学生注意对手击球的真实动作，学会对击球的某种规律的把握。

④意志力训练

意志力是自觉地确定目的，根据目的来调整自己的行动，克服各种困难，从而实现目的的心理过程。一个人意志力的表现是与克服困难相连的，根据网球运动的特点，教师要培养学生具备的主要意志品质是自觉性、主动性、自制力和自信心。

自觉性是指一个人在行动中有明确的目的，并充分认识到自己的行为对社会的意义。它促使人们能积极主动地对待当前的行动，从而加速目的的实现。在网球训练中，就要求学生在运动中自觉地长期地去执行训练计划。例如，怎样在无规律的练习中自觉练习注意力的集中与分配，怎样提高判断力，怎样达到技术质量要求，怎样正确运用战术，怎样形成良好的比赛作风等，这些都要求网球运动学生有很高的自觉性才能实现。

主动性是自觉性的具体表现，如要求学生带着问题去练，与教师共同探讨技术、战术问题。在比赛中，要求学生积极主动地去运用技战术，依据场上情况，主动地变化技术战术等。

自制力主要是指学生在训练和比赛中抵抗内心和外界各种不良刺激和干扰，以保证良好训练效果和比赛中技战术正常运用的自我控制能力。教师应要求学生在遇到困难时，应正确看待困难，事先做好完成复杂练习的计划。在比赛中，要逐步培养起稳定的情绪，不怕场内外的种种干扰。

自信心是指学生相信自己通过努力一定能实现既定目标的信念。自信心的培养需要学生和教师的共同努力，教师要注意把握好训练的难易程度，技术水平提高的幅度大小对学生的影响，注意以良好的刺激增强他们的自信心。同时更应注意对不同类型比赛的研究，让学生在不同水平、不同状态下参加不同类型的比赛，用训练性比赛来培养学生的自信心。

（四）隐性功能

当代教学理论认为，教学的任务不只是向学生传授高、精、尖的科学知识和训练他们的智慧能力，还包括使学生"人化"，即对学生进行做"人"的教育。这在当代都市化和知识化的社会是一个极为重要的问题。为此，学校教学必须确立综合发展的观念，对学生实施素质教育，体现德、智、体、美、劳全面发展。因此，要更加全面地理解教学任务，使教学目标日益综合化。前人已经确认与把握了网球运动教学的"显性功能"，尚需再进一步揭示网球教学功能的另一层面，即教学的"隐性功能"，以把握网球教学功能应有的整体，从而更科学与有效地指导网球运动教学实践工作。

1. 网球运动教学隐性功能的概念与属性

网球运动教学中的隐形功能指的是，学生在学校环境中（包括物质、社会和文化体系）所学到的非预期性或非计划性的网球运动知识、价值观念、规范和态度，也指学生通过教育环境（包括物质的、文化的和社会关系结构的）有意或无意地习得的非公开性的网球运动教育经验（包括学术的和非学术的），还指学生在网球运动课内外无意识的非特定的心理反应发生作用的教育影响因素。显然，教学隐性功能并非就是教学过程看不见、听不着的功能，它只不过与显性功能相区别。可见，"隐性"与"显性"并不绝对对立，而是相对的。在一定时机与条件下，网球运动教学隐性功能可以去其隐蔽外衣而跃迁为显性功能。

网球运动教学隐性功能相对于其显性功能而言，自有其本身独具的属性，这些属性表现如下。

（1）非计划性

网球运动教学显性功能是指教师在功能作用于学生之前，已对功能的量与质加以有效把握，功能作用的目的、方式与结果都以预定计划的形式构造在教学方案或教师大脑中，并在整个功能实施过程中加以调控、检测，呈现出鲜明的计划性。隐性功能则相反，教师在功能作用发生之前对隐性功能本身的量与质缺乏充分认识，无论功能作用目的、方式还是结果都未能加以明确的定向设计，从而功能作用过程是触发过程，表现出非计划性。

（2）内隐性

网球运动教学显性功能的作用方式与效果为直接、显露，它通常凭借讲授、动作示范、身体练习、教具演示以及其他明了的方式作用于学生，促成学生身心变化，获得在自身与他人观测范围的显性效果，如动作技术的掌握等。隐性功能则不同，功能作用方式处于潜伏、间接状态，它往往通过存在于教学之中的互动、模仿、感染、认同及角色扮演等隐蔽方式间接作用于学生，使学生获得自身与他人未能觉察、检测的隐性效果，功能作用方式与效果表现出内隐性。

（3）深长性

网球运动教学显性功能因其作用方式的直接，导致功能的时间与空间有所局限，这种局限性使功能作用的性质一般带有间断性、可变性与浅显性。而教学隐性功能作用方式的特殊，使它在发挥作用的时间上是长久的、连续的，发挥作用上是稳定与深刻的，具有潜移默化之效。

（4）两极性

网球运动教学显性功能是一种按照教学目标的要求加以计划、实施的功能，一般具有正面功能效果，对学生产生积极的影响。当然也不排斥产生负向功能的可能。教学隐性功能则是一种非计划、非调控的自发隐蔽功能，既可能产生符合教学目标要求，促进学生身心发展的正向功能效果，又可能产生违背教学目标要求，阻碍学生身心发展的负向功能效果。正负效果的两极性从积极与消极意义上都确证了认识并把握网球运动教学隐性功能的必要性。

2. 网球运动教学隐性功能的具体表现

（1）个体社会化功能

在学生个体社会化的转变过程中，学校教学（包括网球教学）起着极其重要的作用。但这种转变并不完全是教学的显性功能所致，而且也是教学本身的一种隐性作用。具体表现如下。

①施予隐含的社会化内容

社会文化价值与行为规范构成社会化的主要内容，包括明确的生活目标、社会规范，获得社会生活的基本技能，学习充当社会角色。网球运动不仅能培养学生的竞争意识，而且能培养学生的合作意识，并能求得二者的内在统一。网球运动能培养严密的组织纪律性和集体责任感、荣誉感，培养对规范的服从和在规范的制约下如何发挥主观能动性与创造性，这一切不仅是道德教育的基本内容，而且也是现代人与未来人所不可缺少的身心素质。教学社会化内容的传授及学生观念的获得，一部分直接依赖科学文化知识，尤其是思想品德教育的显性功能，但更重要的部分却是学生在与师生的交往中，从各种教学规章制度与纪律要求中，从集体舆论、传统、班风、校风以及亲自参加的课内外群际性的网球活动中，间接地得以体验、学习并予以内化。这种社会化内容的体验与学习，因其获得方式的感性、自然而非抽象与强制，更易被学生接受并产生深刻的体验。

②培养潜藏的社会化能力

学生社会化能力的获得是其社会化程度的重要标志，它包括社会职业能力与社会交往能力。这两方面能力的培养一定程度上离不开发展智力与能力两大显性功能，又必须依仗职业和专业的实践性学习活动与人际交往活动，如各种形式的练习、实习、比赛等。通过一定社会职业的角色扮演，逐渐获得该角色的体验及其所需求的职业素质与人际交往能力，得到社会化能力的培养。

③提供潜隐的社会化行为诱导与控制机制

学生产生符合社会规范的社会行为是其社会化基本完成的最终标志。网球运动教学过程为学生行为的社会化提供着几种有效而较为潜藏的诱导与控制机制：一是教师行为，它对学生的社会模式产生直接的示范性诱导作用；二是学生同辈群体，学生个体的行为方式必然受本群体文化影响，遵守和奉行本群体的各种风尚与规范；三是运动文化，网球运动教学除向学生传授运动与卫生保健知识、提高身体素质与进行思想品德教育外，还要向学生进行网球运动道德行为与规范社会化的教育，因而对学生的社会化行为产生导向、评价等控制性作用。

（2）学习主体化功能

①促进学生学习主体性形成

能动、自主与创造作为学生学习主体性的基本构成，是学生学习主体性得以确立的主要依据。而学生的学习主体性却以隐性的状态存在于网球运动教学过程中。现代教学以其目标、内容、方式及手段应有的整体化不断促进着学生生理、心理与文化结构的全面发展。正是有了这种全面发展，学生学习主体性的确立才得以实现。就学生学习领域外部而言，教师本身人格的示范与影响、师生同学间的交互作用与期待及教学中得以自我表现与自我锻炼的各种环境的建立与提供等，都对学生学习主体的形成产生外在的教导、促进与引发的作用。教学内容的掌握与运用，自身学习时空与方法的安置选择等，也为其主体性的确立施加种种内在的促进作用。总而言之，学生学习主体性正是在这种外在影响与内在促进中，逐步隐性地得以发展与确立起来的。

②发展学生学习主体个性结构

学生学习的主体化不仅凭借其学习主体性的形成，而且还依赖于学习主体个性结构的建立。学习主体个性结构由学习主体意识与学习主体能力所构成。两者的形成与确立光靠理性的（知识、道德）传授与能力的培养是解决不了问题的（充其量只能提供认知上的条件），而其真正的形成，必须借助于学生自身长期的学习实践和实际锻炼的隐性作用。

（3）培养情感功能

①唤起社会情感体验

高级的社会情感由理智感、道德感与美感三者组成。学生在自身学习活动过程中，必将获得喜悦、沮丧等的情绪体验，而这种内心体验的连续积累与稳固即理智感的形成与深厚。学生道德感的形成，主要与他能否掌握符合一定社会道德规范如体育运动规范等相关联。美的感受来自美的事物。网球运动教学中传授美的内容，提供美的活动，并伴随着美的运动环境，使学生不断地获得美的体验，形成美的感受即美感。

②构建情感触发情境

学生情绪情感的触发总是归因于一定的情境因素。网球运动教学活动中的情境因素主要有：一是教师情感触发，教师教学时所流露的表情与情感，时刻都影响感染着学生，使学生的情绪情感产生相应的变化；二是教学情境设置，设置具体形象的教学情境，如游戏、练习与比赛等，使学生亲临其境、情寓其中地学习；三是课堂心理气氛，以真实、理解与尊重为特征的课堂气氛，使学生产生积极的情绪情感体验。

③促进情绪的分化与控制

网球运动是一项技能型隔网对抗类运动项目，网球有其独特的魅力，是一项绅士运动。而网球比赛中极易出现害怕、焦虑、紧张等情绪现象，会直接影响运动者的正常发挥。

网球运动教学中，教师对学生进行情绪控制训练，是利用主观因素，如语言和表象来调节并刺激中枢神经系统，使学生保持最佳水平。情绪训练的方法很多，而每个学生的自身情况都不一样，要根据个人的实际情况，采取适合他们的心理训练方法，使他们能在比赛中发挥出最佳情绪状态。方法有：自言自语、自我安慰、大叫几声、握拳宣泄释放、转身分拨拍线、取毛巾擦擦汗、蹲下紧紧鞋带、做个鬼脸自我放松一下、深深呼吸、活动四肢、拍拍脑门以及如果有小伤可以申请医疗暂停等。学生由低年级向高年级发展，教学影响越好，情绪分化、丰富与完整也就越好，情绪的自调与控制力也就越强。可见，学生情绪的分化、控制与教学的作用也有密切的联系。

第三章 网球运动的竞赛规则

网球运动要顺利开展需要遵循一定的规则和要求。本章主要介绍网球运动的竞赛规则，包括网球运动的基本竞赛规则、网球运动的裁判方法等内容。

第一节 网球运动的基本规则

一、器材与装备

（一）场地

网球场可分为室外和室内，且有各种不同的球场表面，其将由经济因素所决定。如草地网球是最基本的户外场地，但是其建立和保养费用太昂贵，所以通常由人造球场取代，它较便宜且容易保养。另外有一种在欧洲盛行的红土球场，法国公开赛为此种球场。

1. 草地场

草地球场是历史最悠久、最具传统意味的一种场地。其特点是球落地时与地面的摩擦小，球的反弹速度快，对球员的反应、灵敏、奔跑的速度和技巧等要求非常高。因此，草地往往被看成"攻势网球"的天下，发球上网、随球上网等各种上网强攻战术几乎都被视为在草地网球场上制胜的法宝，底线型选手则在草地网球场上难有成就。但是，由于草地球场对草的特质、规格要求极高，加之气候的限制以及保养与维护费用昂贵，很难被推广到世界各地。每年的寥寥几个草地职业网球赛事都是在英伦三岛上举行，且时间集中在六七月份，温布尔登锦标赛是其中最古老也最负盛名的一项。

2. 红土场

红土场更确切的说法是"软性球场",其最典型的代表就是法国网球公开赛。另外,常见的各种沙地、泥地等都可称为软性场地。此种场地特点是球落地时与地面有较大的摩擦,球速较慢,球员在跑动中特别是在急停急回时会有很大的滑动余地,这就决定了球员必须具备比在其他场地上更出色的体能、奔跑和移动能力以及更顽强的意志品质。在这种场地上比赛对球员的底线相持功夫是一个极大的考验,球员一般要付出数倍的汗水及耐心在底线与对手周旋,获胜的往往不是打法凶悍的发球上网型选手,而是在底线艰苦奋斗的一方。

3. 硬地场

现代大部分的比赛都是在硬地网球球场上进行的,它也是最普通、最常见的一种场地。硬地网球场一般由水泥和沥青铺垫而成,其上涂有红、绿色塑胶面层,其表面平整、硬度高,球的弹跳非常有规律,但球的反弹速度很快。许多优秀的网球选手认为,硬地网球更具"爆发力",而且网球比赛中硬地球场占主导地位,必须格外重视。需注意的是,硬地不如其他质地的场地弹性好,地表的反作用强而僵硬,所以容易对球员造成伤害。

4. 地毯场

顾名思义,这是一种"便携式"的可卷起的网球场,其表面是塑胶面层、尼龙编织面层等,一般用专门的胶水粘接于具有一定强度和硬度的沥青、水泥、混凝土底基的地面上即可,有的甚至可以直接铺展或粘接于任何有支持力的地面上,其铺卷方便、适于运输且有非常强的适应性,室内室外甚至屋顶都可采用。球的速度需视场地表面的平整度及地毯表面的粗糙程度而定。在保养上此种场地也是非常简单的,只要保持地面清洁,不破损、不积水(配有相应的排水设施)就可以了。

网球场地应该是长方形,长度为 23.77 米,单打比赛的场地宽度为 8.23 米,双打比赛场地的宽度为 10.97 米。

场地由一条挂在绳索或钢丝绳上的球网从中间处分隔开,所使用的绳索或钢丝绳附着或挂在 1.07 米高的两根网柱上。球网应充分伸展开，使之能够填满两个网柱之间的空间，其上网孔的大小以确保球不能穿过为宜。球网中心的高度应当为 0.914 米，并且用中心带向下绷紧固定，网绳或钢丝绳和球网的上端应当用一条网带包裹住，中心带和网带都应完全为白色。网绳或钢丝绳的最大直径为 0.8 厘米。中心带的最大宽度应为 5 厘米。球网每一边垂直向下的网带宽度应当在 5 厘米与 6.35 厘米之间。

双打比赛中，每侧网柱的中心应距双打场地的外沿 0.914 米。单打比赛中，如果使用单打球网，每侧网柱的中心应距单打场地的外沿 0.914 米。

如果使用双打球网，那么球网要用两根高 1.07 米的单打支柱支撑起来，每侧单打支柱的中心距单打场地的外沿 0.914 米。

网柱的边长不应超过 15 厘米或直径不应超过 15 厘米。单打支柱的边长不应超过 7.5 厘米或直径不应超过 7.5 厘米。网柱和单打支柱的上端不能超过网绳顶端 2.5 厘米。球场两端的界线称为底线，两侧的界线称为边线。

在两条单打边线之间画两条距球网 6.4 米并且与球网平行的线，这两条线称为发球线。在球网每一边的发球线和球网之间的区域，被一条发球中线分成相同的两个部分称为发球区，发球中线应当和单打边线平行并且与两条边线的距离相等。

每一条底线都由一条长 10 厘米的中心标志分为相等的两部分，中心标志要被画在场地内并且和单打边线平行。发球中线和中心标志的宽度为 5 厘米。除底线的最大宽度可以为 10 厘米外，场上其他所有线的宽度均应介于 2.5 厘米和 5 厘米之间。

所有场地的测量都应以线的外沿为标准，所有场地上的线的颜色均必须相同，并且和场地的颜色有明显的区别。

（二）永久固定物

场地上的永久固定物不仅包括后挡网和侧挡网、观众、观众的座位和看台，以及所有场地周围和上方的固定物，而且还应包括处于各自规定位置的主裁判、司线员、司网裁判和球童。

在一个使用双打球网和单打支柱的场地上举行单打比赛时，网柱、单打支柱以外的球网部分属于场地上的永久固定物，而不能视其为网柱或球网的一部分。

如果活球状态下的球落在正确的场地内后弹起触到了永久固定物，则击出该球的运动员赢得该分；如果活球状态下的球在落地前触到了永久固定物，则击出该球的运动员失分。

（三）球

场上用球外部需要由纺织材料统一包裹，颜色为白色或黄色，接缝处需无缝线痕迹。用球的重量要介于 56.7～58.5 克。在从 254 厘米的高度向混凝土地面做自由落体运动时，反弹的高度应该介于 134.62～147.32 厘米。当在球上施加 8.165 千克的压力时，向内发生弹性形变应该介于 0.559～0.737 厘米，压缩后反弹形变的范围应该介于 0.8～1.08 厘米。这两种形变数据应该是以球的 3 个轴测试后得到的平均值。在每一种情况下任何两个数据之间的差异不能大于 0.076 厘米。

如果在海拔 1219 米的高度进行比赛，就需要采用另外两种特殊用球。第一种是除弹跳高度要介于 121.92～134.62 厘米以外，还要使球的内压大于外部气压，其他方面则与上面的描述完全相同，这种球通常称为增压球；第二种球除弹跳高度要在 134.62～147.32 厘米外，还要使球的内压大约等于外部的气压，并且能在指定的比赛场地的海拔保持 60 天以上，其他方面则与上面的描述完全相同，这种球通常被称为零压球或无压球。

（四）球拍

球拍的击球面应该是平坦的，由连接在球拍框上的拍弦组成统一规则，拍弦在交叉的地方应该是相互交织或相互结合的；拍弦所组成的试样应该大体一致，中央的密度特别不能小于其他区域的密度。球拍的设计和穿弦应使球拍正反两侧在击球时性质大体保持一致。拍线上不应有附属物或突出物，除非该附属物仅仅并且非常明确的是用来限制和防止拍弦磨损、撕拉或振动的，而且它的尺寸以及位置也必须是合理的。

球拍的总长度（包括拍柄）不能超过 73.7 厘米。球拍框的总宽度不能超过 31.7 厘米。击球平面的总长度不能超过 39.4 厘米，总宽度不能超过 29.2 厘米。

球拍框，包括拍柄及弦线上，不能有任何可能从实质上改变球拍形状，或故意改变球拍纵轴方向的重力分布从而使挥拍瞬间的惯性发生变化，或者故意改变任何的物理性质从而在一分球的比赛中影响球拍性能的装置。任何能够改变或影响球拍性能的能源装置都不能装进或附着在球拍上。

在比赛期间，运动员的球拍上不能有任何可听或可视的，用于提供交流、建议和指示的装置。

二、定义

发球员：发球员是指在开始比赛时发出第一分球的运动员。运动员应当分别站于球网两侧。

接发球员：接发球员指准备回击发球员所发出球的运动员。接发球员可以随意站在属于他自己球网一侧的场地内或场地外的任何位置接球。

交换场地：运动员应在每一盘的第一局、第三局和随后的每一个单数局结束后交换场地。运动员还应在每一盘结束后交换场地，除非在这盘结束后双方所得的局数之和为偶数，在这种情况下运动员在下一盘第一局结束后交换场地。在平局决胜局中，运动员应在每 6 分后交换场地。

活球：除了出现发球失误或重发的呼报之外，球从发球员击出的那一时刻开始直到该分结束都为活球。

三、基本规则

（一）计分

1．一局的计分

（1）常规局

在一个常规局的比赛中，报分时应先报发球运动员的比分，计分如下：

无得分——0；

第一分——15；

第二分——30；

第三分——40；

第四分——局比赛结束。

若两名运动员/队都获得了3分，则比分为"平分"。"平分"后如果一名运动员/队获得了下一分，则比分为"占先"，如果"占先"的这名运动员/队又获得了下一分，他即赢得了这一局；如果"占先"后是另一名运动员/队获得了一分，则比分仍为"平分"，一名运动员/队需要在"平分"后连续获得两分，该运动员/队才能赢得这一局。

（2）平局决胜局

在平局决胜局中，使用0、1、2、3分等来计分。先赢得7分并净胜对手2分的运动员/队赢得这一局及这一盘。在需要时，决胜局必须继续进行，直到一方运动员/队净胜对手2分为止。

轮及应该发球的运动员在平局决胜局中先发第一分球，随后的两分由他的对手发球（在双打比赛中，对方队中轮及应该发球的运动员进行发球）。此后，每一名运动员/队轮流连续地发两分球直到平局决胜局结束（在双打比赛中，两队应按照与该盘中相同的发球顺序轮流连续发球）。

在平局决胜局中先发球的运动员/队应当在下一盘的第一局开始时先接发球。

2. 一盘的计分

一盘中的计分有不同的方法。主要的计分方法是"长盘制"和"平局决胜局制"两种。比赛中两种计分方法中的任何一种都可以使用，但必须在赛前事先宣布。如果使用的是"平局决胜局制"的计分方法，还必须声明决胜盘将采用的是"平局决胜局制"还是"长盘制"。

（1）"长盘制"

先赢得6局并净胜对手两局的运动员/队才能赢得这一盘。如果需要的话，这一盘必须持续到一方运动员/队净胜两局为止。

（2）"平局决胜制"

先赢得6局并净胜对手两局的运动员/队才赢得这一盘。如果局数比分达到6：6时，则需进行"平局决胜局"。

3. 一场的计分

一场比赛可以采用三盘两胜制，先赢得两盘的运动员/队赢得这场比赛；或采用五盘三胜制，先赢得三盘的运动员/队赢得这场比赛。

（二）场地和发球的选择

在准备活动开始前，通过掷币的方式决定获得挑选场地和比赛的第一局谁作为发球员或接发球员的权利。掷币获胜的运动员/队可以进行以下方式的选择。

（1）在比赛的第一局中，选择发球员或接发球员。在这种情况下，对手应选择在比赛的第一局所处哪一边的场地。

（2）选择在比赛的第一局所处哪一边的场地。在这种情况下，对手应选择在比赛的第一局作为发球员或接发球员。

（3）要求对手对于以上两种方法做出选择。

（三）发球

在开始发球动作前，发球员必须立即双脚站在底线后（即远离球网的那一侧），中心标志的假定延长线和边线的假定延长线之内的区域里。

然后，发球员应当用手将球向任何方向抛出并在球触地前用球拍将球击出。在球拍击到球或没有击到球的那一刻，整个发球动作即认为已经完成。对于只能使用一只手臂的运动员，可以用球拍完成抛球。

发球员应该在接发球员做好准备以后再发球。不管怎样，接发球员应当按照发球员合理的发球节奏来比赛，并且在发球员准备发球时，在合理的时间内做好接发球的准备。

1. 发球次序

在每一个常规局结束后，该局的接发球员在下一局中应该成为发球员，该局的发球员在下一局中应该成为接发球员。

双打比赛中，在每一盘第一局开始前，由先发球的那队选手决定哪一名运动员先在该局发球。同样，在第二局开始前，他们的对手也应当做出由谁在该局先发球的决定。第一局先发球的运动员的同伴在第三局发球，第二局先发球运动员的同伴在第四局发球。这个轮换次序一直延续，直到该盘比赛结束。

2. 发球的程序

在一个常规发球局中，每一局的发球员都应当从场地的右半区开始，交替站在同侧场地的两个半区后面发球。

在平局决胜局中，第一分发球应当从场地的右半区开始发出，然后交替从场地的两个半区后面发球。

发出的球应当越过球网，在接球员回击发球之前落到对角方向的发球区内。

3. 发球的"脚误"

在发球的整个动作过程中，发球员不可以有以下动作。

（1）通过走动或跑动来改变位置，但脚步轻微的移动是允许的。

（2）任何一只脚触及底线或场地内的地面。

（3）任何一只脚触及边线假定延长线外的地面。

（4）任何一只脚触及中心标志的假定延长线。

如果发球员违反了这些规定，就是一次"脚误"。

4. 发球失误

下列情况为一次发球失误。

（1）发球员违反了发球中的 2 与 3。

（2）发球员试图击球时未能击中。

（3）发出的球在触地前碰到了永久固定物、单打支柱或网柱。

（4）发出的球触到了发球员或发球员的同伴，或发球员和发球员同伴所穿戴或携带的任何物品。

（四）第二次发球

如果第一次发球失误，发球员应当立即从他该次发球失误的同一半区后面的规定位置再发一次，除非发球失误的这次发球是从错误的半区发出的。

如果出现下列情况，应重新发球。

（1）发出的球触到了球网、中心带或网带后落在有效发球区内；或在球触到了球网、中心带或网带后落地前触到了接发球员或其同伴，或他们所穿的或携带的任何物品。

（2）球发出后，接发球员还没有做好准备。在重发球时，引起重发的那次发球不被计算，发球员应重发该球，但是不能取消重新发球前的发球失误。

除了在第二次发球时呼报重赛，是指重发该次发球外，在所有其他情况下，当呼报重赛时，这一分必须重赛。

（五）运动员失分

如果出现下列情况，运动员将失分。

（1）发球员连续两次发球失误。

（2）在活球状态下，运动员在球连续两次触地前不能将球回击过网。

（3）在活球状态下，运动员回击的球在落地前触到有效击球区外的地面或其他物体。

（4）在活球状态下，运动员回击的球在落地前触到永久固定物。

（5）接球员在球没有落地前回击发球员发出的球。

（6）运动员故意用他的球拍托带或接住处于活球状态中的球，或故意用球拍触球超过一次。

（7）在活球状态下的任何时候，运动员或他的球拍（无论球拍是否在他手中）或他穿戴或携带的任何物品触到球网、网柱/单打支柱、网绳或钢丝绳、中心带或网带，或者接触他对手场地的地面。

（8）运动员在球过网前击球。

（9）在活球状态下，除了运动员手中的球拍以外，球触及运动员的身体或他穿戴的或携带的任何物品。

（10）在活球状态下，球触到了运动员的球拍，但球拍不在他的手中。

（11）在活球状态下，运动员故意并实质性地改变了球拍的形状。

（12）双打比赛中，在一次回击球时，同队的两名运动员都触到了球。

（六）有效回击

如果是下列情况，则属于一次有效回击。

（1）球触到了球网、网柱/单打支柱、网绳或钢丝绳、中心带或网带并且越过球网上面后落到有效场地内。

（2）在活球状态下，球落在有效场地内后由于旋转或被风吹回过网，该轮到击球的运动员越过网击球，将球击到有效场地内，并且没有违反运动员失分的规定。

（3）回击的球从网柱外侧，无论该球是高于还是低于球网的上部高度，即使触到网柱，只要落在有效场地内。

（4）球从单打支柱及其附属网柱之间的网绳下面穿过而又没有触及球网、网绳或网柱，并且球落在有效场地内。

（5）运动员的球拍在回击自己球网一侧内的球后随球过网，球落入有效场地内。

（6）在活球状态下，运动员击出的球碰到了停在正确场地内的另一个球。

（七）更正错误

作为一项原则，当比赛中发现一例违反网球规则的错误时，先前所有的比分都有效，发现的错误应当按照如下条款更正。

（1）在一个常规局或一个平局决胜局中，如果一名运动员从错误的半区发球，此错误一经发现就应当立即纠正，发球员要按照场上的比分从正确的半区发球。错误被发现前发球员已发生的发球失误有效。

（2）在一个常规局或一个平局决胜局中，如果出现双方的运动员场地站边错误，则此错误一经发现就应当立即被纠正，发球员要按照场上的比分从正确的一边场地发球。

（3）在常规局中，如果出现运动员的发球次序错误，此错误一经发现，原先该轮及发球的运动员应当立即发球；如果错误被发现前该局已经结束，则发球的次序就按照已改变的次序进行。在这种情况下，此后的所有换球必须比原先规定的局数推后一局进行；如果发球次序错误被发现前，对手有一次发球失误，则此次发球失误无效。

在双打比赛中，如果是同队的两名运动员出现发球次序错误，则发现错误以前的一次发球失误有效。

（4）在平局决胜局中，运动员出现发球次序错误，如果此错误是在双数比分结束后被发现的，则错误一经发现就应当立即纠正；如果此错误是在单数比分结束后被发现的，则发球的次序就按照已改变的次序进行；如果发球次序错误被发现前，对手有一次发球失误则此次发球失误无效。

在双打比赛中，如果是同队的两名运动员出现发球次序错误，则发现错误前发球员同伴的一次发球失误有效。

（5）在双打比赛的常规局或平局决胜局中，如果接发球次序出现错误，则按照已发生的错误次序继续进行，直到这一局结束。在这一盘的下一次接发球局时，这对运动员应当重新回到原先的接发球次序。

（6）赛前规定的是"长盘制"的比赛，但是在局数6∶6时错误地进行了"平局决胜局"的比赛，如果此时仅仅进行了第一分的比赛，则此错误应立即被纠正；如果错误被发现时第二分的比赛已经开始，则这盘比赛将按照"平局决胜制"继续进行。

（7）赛前规定的是"平局决胜局制"的比赛，但是在局数 6：6 时错误地开始了常规局的比赛，如果此时仅仅进行了第一分的比赛，则此错误应立即纠正；如果错误被发现时第二分的比赛已经开始，则这盘比赛将按照"长盘制"继续进行，直到双方的局数达到 8：8 时（或更高的偶数平局时）再进行"平局决胜局"的比赛。

（8）赛前规定决胜盘采用"平盘决胜局制"，但是在决胜盘错误地开始了"平局决胜局制"或"长盘制"的比赛，如果此时仅仅进行了第一分的比赛，则此错误应立即纠正；如果错误被发现时第二分的比赛已经开始，则这一盘比赛继续进行，直到一名运动员赢得 3 局由此赢得这一盘，或是到局数 2：2 平时，再进行"平盘决胜局"的比赛。然而，如果此错误在第五局的第二分比赛开始后才被发现，则这一盘将以"平局决胜局制"继续比赛。

（9）如果没有按照正常的顺序换球，那么就要等到下一次再轮到这名运动员/队发球时，更换新球。此后的换球顺序仍然应按照原先的规定，在达到既定的换球局数后再进行。在一局比赛进行中，不能换球。

（八）连续比赛

作为一个原则，比赛从整个比赛的第一分发球开始直到结束应当连续地进行。

（1）分与分之间，最长间隔时间允许为 20 秒。运动员在单数局结束后交换场地时，最长间隔时间允许为 90 秒。

然而，在每盘的第一局结束后和在平局决胜局进行时，运动员应交换场地而没有休息，比赛应连续进行。

在每一盘结束后，最长盘间的间隔时间为 120 秒。最长允许时间是指从上一分球结束时开始，直到下一分第一次发球时球被击出时为止。

赛事组织者可以向国际网联申请批准延长单数局结束时运动员交换场地的 90 秒间隔时间，以及盘与盘之间 120 秒的间隔时间。

（2）如果由于运动员不能控制的原因，如服装、鞋子或必要的装备（不包括球拍）损坏或需要对其进行更换时，可以允许给运动员一个合理的额外时间去解决这些问题。

（3）不能因为一名运动员要恢复体力而给其额外的休息时间。但是，当运动员出现可以治疗的伤病时，可以获得一次 3 分钟的治疗时间来处理此伤病。如果赛前已公布，限定上卫生间/更换衣服的次数也是允许的。

（4）如果赛事组织者赛前已经宣布，整场比赛允许有一次最长为 10 分钟的休息时间，这个时间可以在五盘赛制的第三盘结束之后或三盘赛制的第二盘结束之后采用。

（5）准备活动时间最长为 5 分钟，除非赛事组织者事先另有规定。

（九）指导

以任何可听到的或可看到的方式对运动员进行交流、建议或各种指示都被认为是指导。

在团体赛中，运动员可以接受坐在场上的队长的指导，这种指导可在每盘结束后的间歇和单数局结束后运动员交换场地时进行，但是在每一盘的第一局结束后和决胜局中交换场地时不能进行指导。

在其他的任何比赛期间，运动员都不能接受指导。

（十）备选计分方法

1．一局中的计分

"无占先"计分法——这种备选的计分方法可以被使用。

在一个"无占先"局的比赛中，应先报发球运动员的比分，计分如下：

无得分——0；

第一分——15；

第二分——30；

第三分——40；

第四分——局比赛结束。

如果双方运动员/队都赢得 3 分，这时的比分称为"平分"，然后要打一个决胜分。接球方将选择从场地左半区还是从右半区接发球。在双打比赛中，进行决胜分比赛时接球方的两名队员不能改变接球站位。赢得决胜分的运动员/队赢得这一局。

在混双比赛中，与发球员同性别的接球员应当接决胜分的发球。接球方的两名运动员不能改变接球站位去接决胜分的发球。

2. 一盘中的计分

（1）短盘制

谁先赢得四局并净胜对手两局的运动员/队赢得这一盘。如果局数比分达到 4∶4，将进行一个"平局决胜局"的比赛。

（2）七分制平盘决胜局

当比赛的盘数比分达到 1∶1，或在五盘三胜制的比赛中盘数比分达到 2∶2 时，用一个"平局决胜局"来决定比赛的胜负，这个"平局决胜局"代替最后的决胜盘。

先赢得对手 7 分并净胜 2 分的运动员/队将赢得"平盘决胜局"和整场比赛。

（3）十分制平盘决胜局

当比赛的盘数比分达到 1∶1，或在五盘三胜制的比赛中盘数比分达到 2∶2 时，用一个"平局决胜局"来决定比赛的胜负，以这个"平局决胜局"代替最后的决胜盘。

先赢得对手 10 分并净胜 2 分的运动员/队将赢得"平局决胜局"和整场比赛。

注：当采用"平盘决胜局"代替最后的决胜盘时，原先的发球顺序继续不变。

在双打比赛中，就像每盘开始时那样，各队的发球和接发球顺序可以改变。在"平盘决胜局"比赛开始前，应有一个 120 秒的盘间休息。

第二节　网球运动的裁判方法

一、网球裁判员的行为要求与准则

（一）行为要求

网球竞赛是推动群众性网球运动的开展，提高运动技术水平的重要手段。裁判员在竞赛工作中起着主要的组织和教育作用。他不仅对运动员的各种技术犯规以及各种不良道德行为进行判罚，而且对运动员的作风培养，技术、战术水平等方面的提高和发展都负有责任。

正如对网球运动员的专业水平及行为有高标准要求一样，对于网球裁判员的专业水平及行为表现也要有高标准的要求，具体描述如下。

1．规则理解要求

（1）网球裁判员要熟悉网球规则和正确理解规则精神实质，对规则的概念清晰，在临场执行工作时，严格执行规定，执法要公正，判罚要准确、果断。

（2）要了解网球运动的发展趋势，使网球裁判工作能起到促进网球技战术水平不断发展和提高的作用。

2．身体状况要求

随着网球技战术水平的迅速提高，比赛更加紧张、激烈。持续时间亦将延长，这就要求裁判员的身体状况符合如下要求。

（1）反应快、视野广。

（2）身体健康，精力旺盛。

3．职业道德要求

（1）裁判员不能担任与其有关系的运动员比赛的执法工作，以免由于利益冲突而造成运动员对其裁决公正性的怀疑。

（2）裁判员应就运动员要求与之讨论规则的解释，合理控制运动员的行为表现。

（3）裁判员不要与运动员熟识并建立亲密关系，但这并不意味着裁判员不能与运动员下榻同一宾馆，或不能出现在运动员也参加的公开场合。

（4）裁判员不应以任何方式就赛事进行打赌。

（5）除了比赛中对喧哗观众的控制，裁判员不要在赛前、赛中、赛后与观众攀谈。

（6）在比赛过程中，裁判员不得参加媒体的记者采访及会议（其中有关裁判工作的谈话内容会被报纸刊登或电台播放）。

（7）裁判员在任何时刻都应对运动员保持公正态度，不要采取任何有损裁判公正性或引起质疑的行动。

（8）裁判员在任何时刻都要有专业的、高尚的举止，应具有责任感。

（9）在执行任务时，要求裁判员做到严肃认真、精神饱满、精力集中、服装整洁、仪表大方。

4. 掌控比赛要求

（1）网球运动是一项高雅的绅士运动，在比赛的过程中不仅要求运动员举止文明，同时对于观众的言语、行为也要有一定的文明规范。

（2）裁判员除了保证执法的公正性以外，还要能够妥善处理比赛过程中各种意外的事故，安抚运动员和妥善处理观众不理智的言语和行动，使比赛得以顺利进行。

正式比赛应有主裁判1人，司网裁判1人，端线裁判2人，边线裁判4人，底线裁判2人，发球线裁判2人。

（二）行为准则

作为一项"绅士运动"的裁判工作人员，对于自己的专业水平及其行为表现应该有高标准的要求。

（1）裁判员提前或准时出席指定的比赛。

（2）裁判员的着装及仪态与比赛的庄重性与整体性相符合。

（3）裁判工作的当天不能在赛前饮酒。

（4）裁判员不能担任与其有关系的运动员比赛场次的工作，以免由于利益冲突而造成运动员对其裁决公正性的怀疑。

（5）裁判员应就运动员的要求而向其解释判罚的情况。

（6）裁判员在任何时刻都要有专业的、高尚的举止，并对国际网联监督及裁判长、临场裁判员、赛事组织工作人员、运动员和公众给予相当的重视。

裁判员在比赛过程中始终是以声音或手势来进行裁判工作的。当裁判员对比赛中出现的各种情况做出判定之后，应立即呼报，并以手势表示所判决的结果，使运动员和观众都清楚地了解裁判员的判定和比赛进行的情况。司线员的呼报总在手势之前，一共有6种呼报：出界、发球失误、脚误、重赛、擦网或穿网、更正。呼报必须迅速而响亮，足以让裁判员、运动员及观众都能听到。在整个比赛过程中，如果只有主裁判而没有设置司线员，则主裁判对于比赛中每个球都应给以判定，尤其对于线附近的球，应该给以声音或手势来加强对该球判法的肯定；如果一场比赛既有主裁判也有司线员，主裁判则应该以相应的手势来配合司线员的判法；如果司线员出现明显的误判，主裁判应给予及时的纠正。

在网球比赛过程中，裁判员的工作状态及手势动作如下（表3-1）。

表3-1 裁判员工作状态及手势动作

判定	执行者	动作方法
允许发球	主裁判	目视发球方，并在其击球（一发或二发）前检查接球方准备情况，之后，目光移回发球方并注意发球
出界（远边线）	主裁判	目视失误方，球出远边线，伸出食指轻微晃动，同时报出比分
出界（近边线）	主裁判	视失误方，球出近边线，伸出拇指，同时报出比分
界内球	主裁判	目视失误方，同时伸出手掌，向下做按的动作，同时报出比分
准备姿势	司网裁判	坐在椅子上，上肢靠近球网，眼睛与耳朵贴近网带上沿，同时以手指轻触网带，目的是眼看、耳听、手触三者同时配合，使判罚更加及时、准确

判定	执行者	动作方法
擦网	司网裁判	口中及时呼报，同时上体成端坐姿势一手上举，手心面向主裁判
准备姿势	发球线或端线裁判	身体端坐在椅子上，上体前倾，双手置于膝盖上，双眼紧盯所指之线
界内	发球线成端线裁判	上肢前倾，双手并拢（手背向上），置于两腿之间，停留一段时间，让主裁判能够看到
界外	发球线成端线裁判	一手继续置于同侧膝盖之上，另一手臂侧向完全伸开，指出球"出界"或"失误"方向，掌心朝向主裁判，手势应在呼报之后做出，并保持足够时间使主裁判能够看到。同时，目视主裁判（硬地）或球印位置（沙土地）
更正	发球线或端线裁判	一手继续置于同侧膝盖之上，另一手臂向上举起完全伸开，指球"出界"或"失误"方向，掌心朝向主裁判，手势应在呼报之后做出，并保持足够时间使主裁判能够看到。同时，目视主裁判（硬地）或球印位置（沙土地）
放松姿势	站立司线裁判	身体直立，抬头挺胸，双眼目视前方。两脚开立、与肩同宽，双手置于身后位置
准备姿势	站立司线裁判	两脚开立，与肩同宽或大于两肩，双手置于双膝之上，俯身抬头，目视所司之线
出界或失误	端线裁判成司线裁判	身体如准备姿势，一手继续置于同侧膝盖之上，另一手臂向完全伸开，指出球"出界"或"失误"方向，掌心朝向主裁判，手势应在呼报之后做出，并保持足够时间使主裁判能够看到，同时，目视主裁判（硬地）或球印位置（沙土地）
好球	站立司线裁判	双手并拢（手背向上），与主裁判目光接触，让主裁判能够看到。在线内1米范围的好球，都应该做出手势
未看见	站立司线裁判	双手在面前并位于眼下位置，停留一段时间，让主裁判能够看到

二、监督长或裁判长

网球运动竞赛中，监督长或裁判长的主要职责如下。

（1）担任现场终审仲裁的人员，对竞赛规程、竞赛准则、行为准则、《网球规则》及由此产生的且需要在现场判定的一切问题，都有解释权和处理权。

（2）赛前，安排必要的学习或召开会议，以便使全体裁判员能全面了解所适用的一切规则和程序。

（3）指定裁判组长并保证其能正确地履行职责。

（4）安排每场比赛的主裁判员和司线员。

（5）当有必要改善比赛中的裁判工作时，他可撤换主裁判员，也可撤换或轮转司线员、司网裁判员。

（6）保证每块场地、网球及网柱都能符合《网球规则》要求，并且保证每一块场地都有以下设备。

①主裁椅。主裁椅的高度应在 1.82～2.44 米，主裁椅的中心点距网柱 0.914 米。

若使用麦克风，必须使用带有开关的麦克风，且必须固定安装，不可手持。裁判椅及其周围不得安装供公共广播用的麦克风。

若在室外比赛，裁判椅应有遮阳设备。

②司线椅。发球司线员和端线司线的座椅，应安放在其对应线的靠近挡网处或离边线 3.7 米处。但座椅不可垫高放置。

中线司线员和边线司线员的座椅，除另有安排外，应放在场地后面。

当有阳光时，司线员不可正对阳光。若无阳光，司线员的座椅应放在主裁判员对面。

③司网裁判员座椅。司网裁判员座椅应放在网柱边，并应尽可能地放在主裁判员对面。

④运动员座椅。运动员座椅应放在主裁判椅两侧。

⑤场上用品。每场比赛均应供应运动员饮水及其他饮料，并备好水杯、毛巾和拖布等。

⑥量具。应具备能测量网高和单打支柱的测量尺带以及其他量具。

⑦秒表、积分表等。每场比赛的主裁判员应有一块秒表、中国网球协会或国际网联的记分表和铅笔。

（7）保证赛场后的挡网、广告牌和后面的墙壁不是白色、黄色或其他浅颜色，以免干扰运动员的视线。

（8）在开赛前应决定并通知参赛者比赛的条件（如用何种网球、用球数、换球局数、地面情况、何种赛制、长盘或短盘和其他有关事项）。

（9）在运动员休息地的显著位置设置官方布告栏，并通知所有的运动员。每日赛程表应尽快地张贴于此。任何运动员都有权从监督和裁判长处获得每天的比赛安排表。

（10）在固定的地点安排赛事时钟作为赛会裁判表，并通知所有的运动员其安置的地点。除另有规定外，手表、怀表等不能用作赛会时钟。

（11）抽签前，应从竞赛委员会处得到"外卡"选手的名单，并与竞赛委员会商讨以下事宜。

①报名参赛运动员的最后名单。

②排位需要的排名表。

③其他抽签需要的有关资料。

（12）进行预选赛和正选赛抽签工作。

（13）在监督和裁判长办公室及布告栏上张贴所有签到表（预选赛、正选赛、替换和幸运失败者表），并在布告栏上适当张贴相关信息。

（14）以紧接前场的方式或限定开始时间的方式安排每日比赛。一旦制定好日程安排，就不得擅自变动。

①比赛之前。在安排第一天的比赛前，裁判长可与前一周比赛的监督或裁判长联系，以便确定仍在异地比赛的运动员到来参赛有无困难。在可能范围内，在不损害公平合理的赛程安排的条件下，裁判长在安排比赛时，对于有一定困难的运动员，可给予适当照顾。

②预选赛。单打预选赛应在正选赛开始前一天全部结束。除因天气或不可避免的因素干扰赛程外，预选赛中运动员每天最多能参加两场单打。

若在一天内赛完一轮以上的预选赛，其比赛顺序应由上至下或由下至上地按比赛抽签表秩序进行。

③正选赛。除天气或不可抗拒的因素干扰赛程外，运动员每天只能安排一场单打和一场双打。除监督或裁判长另有安排外，应安排运动员

先进行单打后进行双打。

（15）当在沙地或其他松软地面上进行比赛时，应在赛前保证地面平整、场地线清楚。

（16）决定场地是否适合比赛。

（17）设置特定的地点，采用一切合理的方式，按赛程要求通知运动员上场比赛。

凡被通知上场比赛的运动员，均应准备上场比赛。在特殊情况下，由监督或裁判长决定何时通知运动员上场比赛，或裁定何时确已宣布过比赛。

（18）决定某一场比赛是否更换场地进行。

若因气候恶劣或其他无法避免的因素，导致正在进行的比赛中断或暂停，若有必要排除运动员一天赛两场单打的可能性，或考虑有必要结束比赛，监督或裁判长无须考虑场地的地面性质和类别，可将比赛移到室内或室外场地进行。

在任何其他情况下，比赛一旦正式开始，即第一分的第一发球已经发出，则未经双方同意，比赛不可更换场地进行。双方协商时，不可进行干涉。尽可能在该盘双数局赛完一盘后更换场地。

（19）因天气原因、光线不足或其他原因等，由监督或裁判长决定何时停赛。若因天黑停赛，则应在该盘双数局赛完或整盘结束后停赛。

（20）在比赛中，负责调查"违反行为准则"的事实，并给以恰当的处罚。对违反行为准则严重的运动员，监督或裁判长可取消其比赛资格或予以罚款；对执法中有不良行为（如故意偏袒一方）的裁判员，监督或裁判长可撤换该裁判员。

（21）在赛前与赛后，安排、护送运动员进场和退场。

（22）在比赛期间，如运动员对裁判员涉及有关规则问题的判定有异议，可提请裁判长解决，裁判长的判定就是最后的判定。比赛期间，监督或裁判长应始终在场，但监督或裁判长不可上场担任主裁判员。

（23）赛后，监督长和裁判长最主要的两项工作：一是向赛会主办单位写出书面总结；二是给每位参加裁判工作的人员写出书面鉴定，并将此鉴定同总结一并上交主办单位。

三、裁判组长

裁判组长的主要职责如下。

（1）召集足够的、合格的裁判员担任比赛的裁判工作。

（2）组织裁判员进行必要的赛前训练，并复习《网球竞赛规则》、竞赛规程和行为准则。

（3）准备一份比赛中所有裁判员的名单，注明通讯地址、各自的裁判级别（国际网联批准或国家网协批准），并将此名单复印后交监督或裁判长各一份。

（4）制定每天裁判员上场的顺序，所做安排需经监督或裁判长同意后方可生效。

（5）赛前召开碰头会，介绍有关场次的安排和执法程序。例如，如何呼报、裁判手势要求、场地轮转安排等。

（6）评估所有裁判员的工作表现。

（7）在比赛进行中应一直在场，除监督长或裁判长另有安排外，裁判组长不能担任主裁判员或司线员。

（8）协助监督长和裁判长履行职责。

四、主裁判

主裁判主持比赛的裁判工作。在比赛的全部过程中，主裁判可对场上参赛队员和其他裁判工作人员行使他的权力。他有权决定比赛中出现的一切问题（包括规则中没有规定的问题）。在比赛中，他有权改判其他裁判的判定，即他的判定为最终决定。比赛过程中，主裁判应坐在球网一端的裁判椅上，椅子应距网柱约1米左右的位置，椅子的高度应在1.82～2.44米。

主裁判的主要职责如下。

（一）比赛前职责

1. 准备基本工具

准备工具如下：记分表、带橡皮的铅笔、手携式秒表、挑边器（硬币）、量网尺（卷尺）等。

2. 做好比赛的准备工作

比赛准备工作是检查以下事项。

（1）检查单打支柱。单打支柱应在球网相反两侧，单打边线外0.914米处放置，如果负责双打裁判工作，应确认单打支柱是否已被去掉。

（2）检查球网高度。球网中心带高度为0.914米。

（3）检查主裁座椅位置。椅子的位置应距网柱0.914米，此距离观察球场角度较好。

（4）检查司线员座椅位置。司线员不应该面对太阳而坐，如可能的话，应坐在主裁对面；发球司线员和端线司线员的座椅，应安放在对应线的靠近挡网处或离边线3.7米处，但座椅不可垫高位置；司网裁判员座椅应放在网柱边，并尽可能地放在主裁判对面。

（5）检查网球。主裁判应有足够的新球完成比赛，并准备一些不同程度的旧球作为丢失球的替补。

（6）检查其他物品。应给运动员准备好饮水、毛巾及运动员座椅这些物品，运动员座椅应放在主裁判两侧。若使用麦克风，必须固定安装，不可手持，并且要使用带有开关的麦克风。裁判椅及其周围不得安装供公共广播用的麦克风。

3. 召开运动员赛前会议

赛前会议的事项如下。

（1）在网前等候运动员，当他们准备好后，召至网前开会。

（2）告知运动员比赛盘数，平局决胜制及换球制度。

（3）询问运动员有何问题。

（4）在两运动员面前掷币决定选择发球还是场地。牢记挑边获胜运动员可以选择发球或接发球、选择场地或要求对手选择。

（5）检查运动员着装是否符合比赛要求。

（6）填写记分表，表明挑边获胜者及其选择的情况。

4. 准备活动期间主裁判工作事项

在运动员 5 分钟准备活动期间，主裁判的准备工作如下。

（1）主裁判在座椅上坐定并在运动员第一下击球时开表计时，注意准备活动时间是 5 分钟。

（2）完成记分表的准备。

（3）在准备活动还剩两分钟时，宣报"两分钟"。

（4）在准备活动还剩一分钟时，宣报"一分钟"，并介绍比赛。例如，这是第×××轮比赛，参赛双方为我椅子左侧的×××，右侧的×××。采用三盘两胜（五盘三胜）及平局决胜制。×××获挑边权并选择×××。

（5）当 5 分钟准备活动结束，宣报"时间到，准备比赛"，并指示将球交予发球方。

（6）当看到双方运动员已准备好，宣报"×××发球，比赛开始"，并在记分表上记下开始时间。

（二）比赛中职责

在比赛过程中，主裁判要控制场上的局面，并应该注意球场及其周围发生的情况。

（1）主裁判目视发球方准备，并在其击球（第一发球和第二发球）前检查接球方准备状况；之后，目光移向发球方并注意发球。

（2）一分结束后，要目视失分运动员（如有问题或产生提问，肯定来自失分运动员），不要只顾低头看计分表。

（3）呼报分数的方式应遵循正确的国际网联报分程序（先英文后中文）。

①除了在平局决胜制的小分中，发球方的分数总是呼报在先，如：15：0、0：15、15 平、30：15、30 平、40：30、平分（不能报 40 平），

×××占先，×××胜。

②当一分结束后，报分应响亮清晰，并迅速记在记分表上。

③在一局（盘）结束后，除了报"×××胜"外，主裁判还应宣报该局比分，如第1盘第6局结束，史密斯胜，局数4比2，史密斯领先。或第1盘结束，史密斯胜，局数7比5，盘数2比1，琼斯领先。如果观众可以看到记分板，则无须呼报盘比分。

④当一盘到达平局决胜的时候，呼报：第12局结束，史密斯胜，局数6：6，决胜局，发球。

⑤在决胜局中，先呼报分数，再报出领先运动员姓名，如1：0，琼斯领先。2：1，史密斯领先。在平局决胜制报分中，用"zero"代替"love"。决胜局结果呼报：第×××盘结束，×××胜，局数7：6。

⑥当比赛得出结果后，宣报获胜方：全场比赛结束，×××胜。（盘数32），局数6：4、1：6、7：6、4：6、6：2。每盘呼报中，比赛获胜者的报分呼报在先。

（4）主裁判是场上事实问题的仲裁员，在没有司线员的情况下，主裁判必须对所有的线进行呼报。

（5）如果司线员的呼报有明显的错判时，主裁判可以及时更正。更正一定要迅速，不要等到运动员申诉或反对后再做出更正。

（6）如果担任沙地网球裁判，主裁判有责任检查球印。

（7）主裁判要保证比赛的持续进行。运动员在每分之间只有20秒的间隔时间，而在交换场地后有90秒的时间。届时主裁判一定要提醒运动员继续比赛。

（8）如果某一运动员在比赛中受伤，通常被允许接受3分钟的治疗。

（9）当下雨和场地状况不适应比赛或当场地光线不够的时候，主裁判应推迟比赛，无论何时，都尽可能将推迟比赛定在一盘结束或局数比分平分的时候。

（10）在比赛过程中，主裁判负责换球并决定用球是否符合比赛要求（有司网裁判时，由司网裁判负责换球）。

（11）记分表。根据国际网联认可的程序填写记分表。

①赛前。在与运动员赛前会议前，完成记分表上所要求内容的填写，如赛事名称、轮次、换球、运动员姓名等。

②挑边。挑边以后，表明赢方运动员及其选择。

③时间/中断期。记录每盘比赛开始和结束的时间及比赛中断的时间及原因。

④发球位置（区）。根据运动员在场中的正确位置，按发球顺序运动员姓名的大写字母标入"发球区"的纵列中。

⑤换球。在记分表右侧换球处预先做好标记。

⑥记分。在记分表的表格用斜杠及以下字母记分。

"A"——发球直接得分。

"D"——发球双误。

"C"——违反行为规则。

"T"——违反时间准则。

另外，"·"应标在发球者记分格底线正中，表示第一发球失误。

⑦违反准则。行为/时间准则的违反应分别在相应表格中写明。

⑧事实陈述。应列举所有犯规事实，确切写明任何认为是污秽的、有伤尊严的语句。

（三）比赛后职责

（1）在运动员相互握手并回到座椅上后，主裁判以尽可能快的速度离开座椅。

（2）比赛结束后不要与运动员交流。

（3）完成记分表的填写并交给裁判长。

五、司线员

优秀的司线员是做好一场比赛的裁判工作的关键，准确的线上呼报会使主裁判工作相对简单和容易，使比赛能够更加顺畅而减少争议；而司线员的失误，如延误呼报及事后改判会使主裁判面临很多麻烦。

（一）主要职责

（1）选择视角最好的位置，观察自己所司之线。如果视线被接球方阻挡，应适当向内、外移动，进行调整。

（2）完成所负责线上的所有呼报，而对自己职责之外其他司线员或主裁判的裁定不作任何评论。

（3）如因运动员阻挡了视线而没有看见落点，应立即做出未看见落点的手势。

（4）对错判立即更正。再好的司线员也难免出错，一旦意识到误判，应立即呼报"更正"。

（5）如主裁判进行改判，应保持安静。当运动员问及呼报和改判时，不予回答并将问题转向主裁判。

（6）当负责端线、边线或发球中线时，注意呼报"脚误"。

（7）负责司网时，应呼报"擦网"球。

（8）当主裁判未看见或听见运动员违反行为准则的言行，司线员要及时向主裁判报告。

（9）不要为运动员拾球或递毛巾。

（10）不要与观众交谈。

（11）不要为运动员鼓掌加油。

（12）未经主裁判允许，不得离场。

（二）呼报技巧

1. 姿势

应一直保持警觉及身体上的放松。边线上为站姿，端线及发球线上为坐姿。

2. 呼报

呼报总是在手势之前做出，一共有六种呼报：出界、（发球）失误、脚误、重赛、擦网、更正。

3．手势

（1）"出界"或"失误"：手臂侧向完全伸展，指出球"出界"或"失误"方向。手势应在呼报之后做出，并保持足够长的时间，以使主裁判员可以看到。

（2）"脚误""更正"与"擦网"：手臂充分上举，同时呼报"脚误""更正"与"擦网"。

（3）"好球"：双手并拢（手背向上），并让主裁判员看到。在线内大约1米范围内的好球应做出好球手势。

（4）"未看见（落点）"：双手在面前并拢于眼下位置。当比赛再次进行时，继续观察球的落点。

4．观察

观察球的方法及位置对判断的准确性是至关重要的。

（1）不要一直跟随球的运行轨迹直至线上，稍微移动头部就可以知道球的位置。

（2）在球落地前，目光移至线上。

（3）保持头部稳定，立即将目光集中于线上及线后的区域。

（4）在运动员对抗击球时，不要将目光滞留在线上。

（5）在发球线上关注发球运动员的准备动作，当其将球抛起准备发球时，立即将目光集中于线上及线后区域。

5．呼报后

当一分结束后，在硬地赛场中，一分结束后的手势或呼报做出时，注视主裁判；在沙地、红土赛场上，应将目光留于球印上，同时注意主裁判反应。在呼报的过程中，不要注视运动员。

（三）工作时的注意要点

一名优秀的司线员在比赛过程中，要注意下面注意事项。

（1）在比赛双方做准备活动时，就应该端坐或站在司线员的位置上，同时检验自己的视野。

（2）看线时要正襟危坐，姿势（站姿、坐姿）要端庄。

（3）呼报时要自信，声音大而清晰。

（4）在手势做好后，要保持一段时间，直至主裁判示意或报分。

（5）在工作过程中，不能与运动员争论，有争议示意询问主裁判。

（6）在球落地之后才能判断球的好坏。

（7）在比赛中自始至终要全神贯注。

（四）仪表和作风

（1）工作期间不准饮用含酒精的饮料。

（2）上场工作必须关掉所有通信工具。

（3）不能带手提包上场，上场工作不能吃东西、喝饮料。

（4）集体进场，集体离场，不得个别擅自离场，换班要准时。

（5）不得评论主裁判工作。

（6）无条件服从工作的调换。

（7）准时参加赛前会议、赛后会议。

六、司网裁判

在网球比赛中，经常看见一位坐在网柱旁的裁判员，他（她）就是司网裁判员。他（她）的工作程序如下。

（1）坐于网柱后，尽可能坐在主裁判员对面。如果安放单打支柱，则座椅放在网柱之间。

（2）只在运动员发球时将手放于钢丝绳上，并注意球的声音，发球结束将手拿开。注意脚不应伸入场区内。

（3）发球擦网应呼报"擦网"然后将一手上举。

（4）击出的球穿网而过呼报"穿网"。

（5）帮助主裁判员换球，将新球交给拾球员，收回旧球。

（6）每盘结束时，丈量网高。

七、球童

球童在大型网球比赛中扮演着不可缺少的角色，他可以辅助主裁判与运动员交流，为运动员服务，使比赛能够顺利进行。一名合格的球童必须熟悉网球比赛的规则，知道双方运动员何时交换发球，何时交换场地，只有清楚地了解这些知识，才能根据比赛的实际情况在没有主裁判的提示下将球送到正确的场地一边。

（一）主要职责

拾球和送球是球童主要的职责。拾球时要求动作迅速，送球实际上是将球由一边底线送给运动员或送给网前的球童，再由其选择适当的时机传到另一边底线。传递球时要屈身将球从地面滚到另一名同伴手中，传递的路线是直线，不应使球斜穿球场。

除了拾球和送球外，球童要听主裁判的指挥，帮主裁判传递东西和传达信息给场上其他裁判员，免去主裁判上下裁判椅的麻烦；帮助运动员拿毛巾、递水，为运动员撑阳伞；当运动员交换场地休息时，网前的两名球童要面向主裁判和运动员站立，以便与主裁判交流或随时为运动员提供服务。

（二）临场工作

实际工作中，网前与后场球童分工有明确划分。通常一场比赛的球童最多为6人，最少为1人。人数的多少取决于比赛的规模、等级和组织者的需要。

6人制球童的站位是：底线两端各两名，网前两名。底线球童身体笔直站立，双手置于背后。一分结束后，持球手上举，另一只手放在身前，便于让运动员知道手中球的数量。当运动员点头示意要球时，将球抛出，在地上反弹一下后，落到运动员伸出的手中或拍上。如手中无球，则双手在体前摊开，以示告知。

网前球童是蹲是站，要根据观众看台的高低而论。如网前球童站立时不会影响观众的视线，则不必蹲下，否则，必须蹲于网柱后面，做百米起跑状。一般而言，网前球童要保持在网柱两边，当一方跑动拾球时，另一方要与其交叉换位。当然，无论是采用几人制，球童应该和司线员一样，在规定时间内或局数内交替上场。

八、运动员行为判罚标准

（一）三级处罚制

在男子和女子职业网球比赛中实行三级处罚制。处罚情况如下。

第一次违例——警告。

第二次违例——罚分。

第三次违例——取消比赛资格。

在运动员违反行为准则的宣报中，使用正确的措辞是非常重要的。例如：

"×××先生/小姐乱击球，违反了行为准则，给予警告。"

"×××先生/小姐使用猥亵语言，违反了行为准则，给予罚分。"

"×××先生/小姐摔拍子，违反了行为准则，取消比赛资格。"

在宣报的同时应在记分表上正确记录行为准则的违反情况，确保对每项违反准则细节的记录进行确切的描述。

（二）运动员违反规则的行为

1. 服装要求

运动员应在着装上具有专业仪表，并且服装整洁规范。

（1）不能穿圆领长袖衫或体操短裤。

（2）商业及制造标志应符合规则要求。

（3）在双打比赛中，双打搭档应穿着底色相同的服装。

2. 无故拖延

规则要求，运动员比赛应当具有一定的"连续性"，如果其超过规定的 20 秒或 90 秒时间，如出现下列情况。

（1）（在主裁判"继续比赛"的指令后）拒绝比赛。

（2）自然状态下的体力不支（如抽筋、中暑等）。

（3）在因伤治疗的时间后，或在交换场地时的治疗后未能及时比赛的，将被视为拖延比赛而违反规则。

在其他情况下超出 20 秒或 90 秒，该运动员将被视为违反时间准则而受到处罚（警告、罚分）。

3．场外指导

运动员在比赛过程中不可以接受场外指导（除了团体比赛交换场地的时间里）。主裁判应在确定运动员接受场外指导的时候，给予其违反规则的处罚。

4．乱击球

运动员不应粗暴或愤怒地乱击球、乱踢球或乱扔网球。如出现下列情况，则给予处罚。

（1）击球出场外。

（2）在场内冒失的或造成危险的举动。

5．摔球拍或其他器具

（1）毁坏或损坏球拍。

（2）在比赛中出于愤怒或尴尬（用拍）砸球网、球场、主裁判座椅或其他固定物。

6．出语伤人

运动员不应对其对手、某一裁判员及观众等恶语相向（指不尊重的、侮辱性的、贬低性的及伤及尊严的语言）。如有之，则给予处罚。

7．身体伤害

运动员不能对其对手、某一裁判员或其他任何人进行身体伤害（如推搡、踢打等）。有之，则给予处罚。

8．做出与运动员身份不符的行为

在任何时候，运动员都应该表现得与这项运动及其身份相符。而与其身份不相符的行为是指运动员任何玷污体育（运动）风尚的不良举止，则给予适当处罚。

第四章　网球运动训练实践指导

第一节　网球运动体能训练

良好的身体素质是网球运动的基础，是学习和掌握网球运动技战术，充分发挥稳定技能的保证，因此，全面提高身体素质是网球运动学习和训练必不可少的组成部分。网球运动员的身体素质主要包括：力量——爆发力好，启动速度快，击球、发球有力，从底线的击球能够发挥强大的爆发力，并且能够自如地控制底线球；速度——反应速度和移动速度快；耐力——能够长时间保持较好的体能，并在后期的比赛中也能够稳定发挥；柔韧性和灵敏度——肌肉和关节能够协调运用，以减少伤害的可能性，并能够准确地击打高、中、低球。

一、力量素质训练

（一）力量素质的基本概念

力量素质是人体或身体部位的某一部分肌肉（收缩和舒张）克服内外阻力的能力。外部阻力是指物体的重量、支撑反作用力、摩擦力、空气阻力、水阻力等。内部阻力包括肌肉的黏滞力、关节的加固力及各肌肉间的对抗力等。力量素质训练的目的是提高人体克服外部阻力的能力，发展自身的力量素质。

（二）力量素质的分类

1. 按肌肉收缩形式划分

（1）动力性力量。动力性力量是指肌肉收缩或拉长时，使身体或身体某一部分产生位移或推动别的物体产生运动的力量。

（2）静力性力量。静力性力量是指肌肉收缩时产生的力量，可以完成某些静止不动的用力动作，或在整个动作中肢体不产生明显位移的力量。

2. 按体重与力量的关系划分

（1）绝对力量。绝对力量是不考虑运动员的体重因素，人体或人体某部分用最大力量所能克服最大阻力的能力。

（2）相对力量。相对力量是每千克体重所表现出来的力量，它主要反映运动员的绝对力量与体重之间的关系。

3. 按力量表现形式划分

（1）最大力量。最大力量是指运动员的最大肌肉力量和最大意志力收缩在对抗一种刚好能克服的阻力时所发挥的最高力值。

（2）速度力量。速度力量是指运动员在特定的负荷条件下所表现出来的最大动作速度。

（3）力量耐力。力量耐力是指运动员在克服一定外部阻力时，能坚持尽可能长的时间或重复可能多的次数的能力。

（三）网球运动中力量素质的特点

从运动项目来讲，网球是属于技能主导类项目，技术是网球运动的关键环节。但是随着现代网球运动的发展，战术变化更加多样，体能的作用更加明显。力量是网球运动员最重要的素质，在不同时间段对运动员身体强度的要求是不同的，对不同的位置、球的不同高度，其力量要求也不同。所以在网球运动中，运动员的力量有自身的特点，最需要提高的是爆发性力量，也就是速度力量。重点是如何在最短时间内发挥出最大的肌肉力量与速度。

从视觉的角度来看，网球运动是通过球的运动来充分地表现力量的，球的运动主要通过旋转和速度两大因素表现。换句话说，在网球运动中最直接表现出力量作用的，就是球的旋转和球的速度，所以网球运动力量的特点是以动力性力量为主；从表现形式来看，网球运动是一种以速度力量为主，以最大力量和力量耐力为基础的一种综合性力量。

（四）网球运动中力量训练的方法

1. 上肢力量

（1）手腕：手持器械，固定前臂，以手腕为轴做伸、屈两种练习。

（2）上臂：手持负重器械，以肘为轴做向胸内侧拉伸运动，主要练习肱二头肌和肱三头肌的力量。

（3）大臂：手拿负重物，两手侧平举再放下，主要练习大臂和三角肌及肩关节的力量。

2. 躯干力量

（1）背肌：①双手屈体持实心球投掷；②单手持球（网球）投掷；③持哑铃推举、直举、前上举、体前屈平举等。

（2）腹肌：平躺仰卧起坐、单侧收腿异侧方向仰卧起坐、仰卧两头起。

3. 下肢力量

（1）大腿：深蹲、半蹲快速起。

（2）小腿：利用健身器材，同一侧拉伸训练。

（3）脚踝：负重提踵，单脚跳。

（五）提高网球运动员力量的具体手段

1. 投实心球练习

两腿平行站立，与肩同宽，双手持一个5千克的实心球。尽量放低身体，下蹲，后背保持平直，膝盖在脚尖正上方。双手在大腿之间托住球，开始向上抛。脚踝绷紧，身体尽可能长时间保持拉伸姿势。一旦腿和臂肌肉伸展充分，尽可能将球抛得越高越好。每5次一组，共3组。

2. 水平扶墙练习

右脚支地，左手撑住墙面，身体和地面成60度角，抬起左脚，大腿平行地面，大小腿成直角，脚尖翘起，脚心尽量平行地面，保持重心稳定，尽量收腹，身体保持直立。然后换方向。左脚落地，右腿抬起至大腿平行地面，步骤同前。每条腿各6～10次为一组，做四组。

3. 单脚健身操

选择一对适合自己的哑铃，举至肩部，双腿与肩同宽站立。练习时，先向后撤一条腿至一个比较舒服的位置呈弓步站立，保持膝盖对直脚尖。挺胸，直背，目视前方。前面那只脚的脚跟着地，撑起身体。后面那条腿抬起至体前，抬膝直到与腰持平，停住一秒钟，反复做，越流畅越好。每组每条腿抬 8～10 次，做三组。

4. 拉橡皮筋

将一根力量训练的橡皮筋绑在一个固定物上，首先面对固定物，双手抓住橡皮筋向身体方向拉伸做屈臂、翻腕、提拉的动作，然后分别用左侧对、右侧对和背对固定物做同样的练习。每个动作 10 次为一组，做 5 组。

二、速度素质训练

（一）速度素质的基本概念

速度素质可概括为是人体快速完成动作的能力和动作反应时间，也可以简单地理解为人体（或身体的某部分）进行快速运动的能力。速度是运动员的基本素质之一。

（二）速度素质的分类

速度素质按表现形式可以分为反应速度、动作速度、位移速度三个部分。

（1）反应速度是指人体或器官对各种刺激发生反应的快慢，如短跑运动员从听到发令到起动的时间。反应的快慢主要取决于兴奋信号通过反射弧所需要的时间的长短，这取决于中枢神经系统的机能状态和运动条件反射的巩固程度。

（2）动作速度是指完成单个动作的时间的长短，如网球运动中击球时的挥臂速度。动作速度主要是由肌肉力量、肌肉组织的兴奋性和运动条件反射的巩固程度等因素决定的。

（3）位移速度指周期性运动中人体在单位时间内通过的距离。以跑为例，周期性运动的位移速度主要取决于步长和步频两个变量，而步长和步频又受多种生物学因素的制约。

（三）网球运动中速度素质的特点

网球运动的反应速度主要指判断来球的反应速度；动作速度是指打出一个好球的击球速度，具体地说是挥拍速度；位移速度是指脚的移动速度。

网球运动的速度取决于力量和爆发力。不同于投掷和举重的瞬间爆发，网球运动的爆发力主要体现在有能力控制自己的肢体，尤其是快速移动和运动手臂的能力，这更有利于提高击球速度。特别强调速度素质对提高神经系统兴奋与抑制过程中的强度有帮助，对于发展速度也是有利的。所以在训练中，应采用正确的方法来训练下肢、躯干、上肢、前臂内旋等肌群快速工作的能力。

（四）网球运动中速度训练的方法

由于网球运动的速度素质需要反应、动作、位移三个方面的综合能力，而这三个方面既有联系，又有区别，所以应采用多种提高速度素质能力的训练方法。

1. 反应速度的训练方法

（1）移动目标训练。网球是一个移动的目标，对其运动的反应一般都要经历四个阶段：第一，看清来球的方向；第二，判断球的速度、旋转和高度；第三，做好准备并选择合适的击球位置；第四，完成动作后立即回原位。

（2）动作选择训练。根据对手的动作变化做出相应的动作反应是人体反应和特殊动作紧密结合的一种形式。动作选择训练需要高度的专业化，其专项效果非常明显。动作训练包括两个部分：一是在专项训练中面对需要选择的复杂情况进行练习；二是训练运动员合理利用对手可能做出的变化来做好预判。

2. 动作速度的训练

动作速度寓于具体的动作之中，它和动作技术的完善程度紧密联系。此外，运动速度直接受力量、柔韧性、灵敏度等制约，因此它和其他素质的发展关系密切。动作速度的培养，必须建立在技术水平的提高与稳定，以及相关身体素质的发展基础上才能实现。

（1）完善技术动作。首先，动作速度的提升与技术动作的完善程度有很大的关系，因为动作幅度、运动距离、运动时间、运动方向、运动角度以及运动部位等因素都会对运动速度产生明显的影响。其次，在技术训练中，人的协调能力能够得到改善，有助于运动速度的发展，最大限度地减少人体的运动阻力，从而达到提高运动速度的目的。

（2）动作负荷加压训练。在动作速度训练中利用外部自然条件和人为因素的阻力来发展运动的速度。网球训练中更注重人为因素的运用。人为阻力是一种直接作用于运动员运动方向的力量，可以帮助运动员提高运动速度或完成某项技术的动作速度。

3. 位移速度训练

位移速度可以看作是人体运动能力的一种具体表现形式。运动技术水平可以决定位移的速度，而力量、柔韧性、速度耐力和协调性的发展对速度也有着很大的影响。从另一个角度来看，位移速度也可以被看作是运动速度、速度耐力和意志力的结合。位移速度训练主要采用以下方法。

（1）力量训练。力量水平特别是爆发力水平的提高对位移速度的提高具有相当重要的意义。力量训练是提高位移速度的基本方法之一。常用的训练方法有负重杠铃，各种单双足跳、多级跳和跳深。

（2）重复训练。重复训练是指以一定的速度，多次重复一定距离的训练。这种方法对提高人体在快速移动中克服各种内外阻力以及速度耐力有十分重要的作用。

（3）比赛法、游戏法。比赛法是指通过和其他运动员比拼速度、技术、成绩，激发运动员的情绪，促使其最大速度的增加。在比赛的状态下，往往能比平时更快做出反应，完成快速运动。游戏法与比赛法作用相同。由于游戏会引起动作的各种变化，因此还可以防止因经常安排大速度训练而引起的"速度障碍"。

（五）提高网球运动员速度的方法

网球运动员的专项速度主要是指动作速度、移动速度和反应速度三种，采用以下几种练习方法可较快提高网球运动员的专项速度。

（1）前冲跑与后退跑。站在网球场端线前冲跑，跑到网前后立即后退跑。

（2）交叉步跑。在一侧球场的中间，面对球网，前后、左右交叉步跑。

（3）并步移动。在一侧球场中间，面对球网，左右并步移动。

（4）四角回心跑。在一侧球场的中间，面对球网，看老师的手势依次向场地四角跑，手触角线后立即返回中心。

（5）垫步跑。在一侧球场的中间，面对球网前后、左右垫步跑。

（6）碰线移动。此练习要求练习者快速移动，同时改变前后移动方向。在网球场地上，从双打边线外 3 米处开始向前跑，用手碰双打边线、单打边线、发球中线、另一单打边线、另一双打边线、单打边线、双打边线。此练习可两人分别站在自己半场同时比赛，通过计时来看谁的成绩更好。

（7）急起急停跑动练习。

（8）20～30 米短距离加速跑。

（9）根据信号反应练习：根据同伴发出的口令、哨音或手势，向前后左右各个方向做快速移动，以提高反应速度。

（10）5 球移动练习。此练习要求练习者在快速移动中变换方向，在双打边线外 2.5 米处放 5 个球，练习者站在该处，先不拿球，当老师发出口令后立即拿一个球快速冲到最近的边线，把球放在线上，然后快速返回拿第二个球，冲刺到下一条边线，把球放在该边线上，重复同样的动作，直至把 5 个球都放在不同的边线上。也可以把所有球都放在线上后，再依次捡回放在起点处。该练习需计时完成。

（11）高频率练习。跟随老师击掌的节奏，做高频率的小碎步练习和高抬腿练习，跟随节奏由慢至快或快慢交替进行。

（12）快速挥臂练习。做徒手快速挥臂鞭打动作（发球的挥拍动作）。用鞭打动作投掷轻器械（如网球、羽毛球、乒乓球等）练习，以提高发球时的挥臂速度。练习时可两人对掷或单人投掷，然后丈量成绩。

三、耐力素质训练

（一）耐力素质的基本概念

耐力素质是指长时间活动或抵御神经、肌肉疲劳的能力，是网球运动重要的基本素质之一。从生物学的角度看，影响耐力素质发展的主要因素有神经过程的稳定性、快慢肌纤维的比例、肌糖原的储备量、最大摄氧量水平、人体负氧债能力和意志品质等。从训练学的角度看，影响耐力素质发展的主要因素有训练方法、训练手段、负荷性质、负荷强度、练习次数、训练频率和恢复方法等。

（二）耐力素质的分类

耐力的表现与许多因素有关，其中与机体能量供应的能力关系最为突出。因此，我们可以根据耐力所从属的不同功能性质来对耐力进行定义，即有氧耐力与无氧耐力。

1. 有氧耐力

有氧耐力是指人体长时间依靠糖、脂肪等进行有氧供能的工作能力。有氧供能的先决条件和关键是供氧充足。而运动中氧的供应受多种因素制约。

（1）心肺功能。肺的通气与换气机能是影响人体吸氧能力的因素之一。优秀的耐力运动员的肺容积、肺活量普遍大于非耐力运动员和无运动训练者，其肺的通气机能和弥散能力也大于一般人。心肺功能的改善为运动时氧的供给提供了先决条件。

（2）骨骼肌特点。当血流经组织细胞毛细血管时，肌组织从血液中摄取和利用氧的能力与有氧耐力密切相关。肌组织利用氧的能力，一般用氧的利用率（即每 100 毫升动脉血流经组织时，组织利用氧的百分率）来衡量。

（3）神经调节能力。长期坚持耐力训练不仅能够提高大脑皮质神经反射过程的稳定性，而且能够改善和促进中枢神经系统的协调，具体表现在肌肉的收缩与舒张更加协调，各肌群（主动肌、对抗肌、协同肌）之间的配合更趋完善，运动中枢的兴奋与抑制过程更加集中，内脏器官的活动能更好地与肌肉活动相适应。神经调节能力的改善可提高肌肉活动的机械效率从而减少能量消耗，保证肌肉的长时间活动。

（4）能量供应特点。耐力性项目往往强度相对较低，而运动持续时间较长，绝大部分能量由有氧代谢供给。所以，机体的有氧代谢能力与有氧耐力素质密切相关。长期进行系统的耐力训练，可以提高肌肉有氧氧化过程的效率和各种氧化酶的活性，以及机体利用脂肪供能的能力；经过长时间的耐力练习，随着运动时间的延长，脂肪供能的比例逐渐增大，从而节省糖原的利用。人体利用脂肪供能的能力，可以从血浆中自由脂肪酸的含量来判断。

2. 无氧耐力

无氧耐力是指机体在供氧不足的情况下较长时间进行肌肉活动的能力。在长时间缺氧情况下，机体主要依靠糖类的无氧酵解来提供能量。因此，无氧耐力的水平主要取决于肌肉无氧酵解供能的能力、缓冲乳酸的能力以及脑细胞对血液 pH 值变化的耐受力。

（1）肌肉无氧酵解供能的能力。肌肉无氧酵解供能的能力，主要取决于肌糖原的含量及其无氧酵解酶的活性。柯斯蒂尔等人发现，优秀赛跑运动员腿肌中乳酸脱氢酶的酶活性和磷酸化酶活性，长跑者最低，中跑者居中而短跑运动员最高。这表明肌肉无氧酵解能力与无氧耐力素质密切相关。

（2）缓冲乳酸的能力。肌肉无氧酵解过程产生的乳酸进入血液后，将对血液 pH 值造成影响。但由于缓冲系统的缓冲作用，使血液 pH 值不至于突然发生太大的变化。机体缓冲乳酸能力的强弱主要取决于血液中碳酸氢钠的含量及碳酸酐酶的活性，其中前者应占到主导地位，但后者起决定性作用。一些研究表明，经常进行无氧耐力训练，可以提高碳酸酐酶的活性。

（3）脑细胞对血液 pH 值变化的耐受力。尽管机体的缓冲物质能中和和消解一部分进入血液的乳酸，但由于进入血液的乳酸量往往较大，故血液 pH 值无疑还会向酸性方向发展，加上因长期运动引起的供氧不足而导致代谢产物堆积都将会影响脑细胞的工作能力，从而使得运动员感觉到疲劳。因此，脑细胞对这些不利因素的耐受能力的高低也是影响无氧耐力的重要因素。经常进行无氧耐力训练的运动员，脑细胞对血液中代谢产物堆积的耐受力都会得到显著的提高。

（三）网球运动中耐力供能的特点

网球运动是一种由连续的短时间的爆发性动作组成的比赛项目，因其动作间歇不规则，有短兵相接，也有持续对攻。因此，其能量系统的供能特点是混合供能，70％为磷酸肌酸；20％为无氧糖酵解；10％为有氧系统供能。例如，向前冲刺接网前球、跳起扣高压球或发球强攻等简短而激烈的动作，是无氧无乳酸供能；而底线相持，多拍对攻时，是无氧糖酵解供能；每一分间隔和交换场地时有较长的休息时间，又是有氧系统供能。

（四）网球运动中耐力训练的方法

网球运动耐力训练的方式是否与网球比赛的特点相吻合直接影响到耐力训练的成效。一个好的田径运动员一般会有很好的耐力，但如果他参加网球比赛其耐力就不一定能胜过一个优秀的网球运动员了。

1. 有氧耐力的训练

有氧耐力的常用训练方法有持续训练法、间歇训练法及高原训练等。

（1）持续训练法是一种连续、非间歇、低强度、长时间的训练方法。在长跑和游泳训练中，常采用长距离的持续性匀速练习，主要用于锻炼心肺功能和有氧耐力的发展。长时间的持续训练，可以提高大脑皮质神经过程的均衡性和机能稳定性，提高呼吸和循环系统的机能及最大摄氧量（VO$_2$，max），并能引起选择性的慢肌纤维肥大以及肌红蛋白的增加。尤其是青少年儿童及训练水平较低者应以低强度的匀速、持续性训练为主。

（2）间歇训练法是指在练习中要有适当的间歇时间，但有时间歇期仍会进行强度较低的练习，而不是完全的休息。间歇训练对练习的距离、强度及每次练习的间歇时间有严格的规定，往往不等身体机能完全恢复就要开始下一次练习。因此，间歇训练法对身体机能的训练需求更高，所以更容易引起身体结构、功能和生物化学反应的深刻变化。

（3）随着运动水平的不断提高，人们在加大运动负荷的同时，开始注重提高训练难度，给身体更强烈的刺激，以调动人体的最大潜能。高原训练是在这一思想基础上发展的一种训练模式。在高原训练中，人要承受高原缺氧和运动缺氧两种负荷，对机体造成的缺氧刺激远远大于平原，能极大地调动机体的潜能，从而使人体产生复杂的生理效应和训练效果。研究表明，高原训练能使人体内的红细胞和血红蛋白量、血容量上升，呼吸循环系统的能力显著增强，从而提高有氧耐力，同时还可以挖掘无氧耐力的极限。

2. 无氧耐力的训练

（1）间歇训练是培养无氧耐力较常用的方法。在利用间歇训练方式提高无氧耐力的过程中，要对运动强度、训练时间和间隔时间的组合匹配进行考虑，要以运动中能产生高浓度的乳酸为依据。因此，间歇训练运动强度和密度大，间歇时间短，通常运动时间应大于 30 秒，以 1～2 分钟为宜。在这样的运动强度、运动时间和间隔时间的组合，可以最大限度地提高糖酵解系统供能的能力，从而有效提高无氧耐力。

（2）缺氧训练是指在憋气或减少吸气的条件下进行练习的方法，其目的是造成体内缺氧，以提高无氧耐力。缺氧训练不仅可以在高原自然环境中进行，而且在平原特定环境条件下模拟高原训练，同样可以获得一定的训练效果，如利用低压舱或减压舱等。

期望得到更好的耐力训练水平，除了需要依靠技术和战术等因素外，还在于所进行的耐力训练的不同方式。这是因为运动员在任何专项运动训练活动中，通过怎样的方式获得运动技能或身体素质，就必须通过相同的方式来体现这种训练的有效性。网球运动耐力训练的水平主要体现在训练中要完成大量的不同方向的底线抽击运动，而不同距离、不同速度交错的奔跑，没有固定方向的击球能力，是训练水平的具体体现。因此，网球运动耐力训练应尽可能使用一些适合网球身体活动方式特点的训练方式，从而使运动员在耐力训练过程中更接近于实际应战。它不仅可以使网球运动耐力素质获得良好的发展，也有利于运动员在比赛中有效发挥和充分体现，从而促进竞技能力的不断提高。以耐力训练形式配合各种球类技术、战术练习以及对抗性练习是值得实践和提倡的。

在有氧耐力的专项训练过程中，应根据训练对象的年龄层次和水平，适当配合一些无氧耐力训练的内容和方法，以提高有氧耐力训练运动负荷，这有利于更有效地提高最大摄氧量，从而达到更好的有氧耐力训练效果。在一定程度的有氧耐力训练的基础上，或是在进行有氧耐力训练的基础上，建立无氧耐力训练是比较提倡的。因此，即使在无氧耐力训练的发展阶段，也应在无氧耐力训练的同时继续保持和提高有氧耐力训练水平，以保证无氧耐力的稳步提升，实现耐力的快速发展和提高。

（五）提高网球运动员耐力的方法

网球运动员在比赛中长时间的连续移动、连续挥拍、相持迂回等都需要有较好的耐力。下面这 7 项训练内容不仅可以很好地提高人的耐力素质，还能提高手臂和手腕力量、腰腹力量以及爆发力和全身的协调性，经常练习能够达到事半功倍的效果。

1. 俯卧撑

身体呈一条直线，肘关节弯曲 90°，然后再还原到起始姿势，继续做下一个俯卧撑。如果有能力，可以做到鼻子贴近地面，还可以在撑起时尝试双手离地击掌。

2．双脚原地跳

全身协调力量，双脚向上跳起，双腿屈膝向上尽量贴近胸部。落地要轻柔。如果落地毫无控制，会使膝关节及脚踝负担过重，容易受伤。

3．仰卧两头起

仰卧，双臂与双腿同时向上举起在腹前相碰。注意背部挺直，双腿膝关节不要弯曲，身体平衡。

4．屈体剪式脚

全力向上跳起，同时两腿伸直向两侧分开，双手触碰到两足尖，注意上体不可向前倾斜。每个人的柔韧性不同，两腿分开的程度不相同，膝关节也可能有些弯曲，这都没有关系，但一定要跳起来分开两腿，手尽量摸到脚尖，并按自己的级别水平跳到足够的次数。

5．腰髋转动综合练习

先从俯卧撑的开始姿势做起，两臂撑直，一条腿不弯曲放于撑地两手的一侧；另一条腿在原地伸直。以这样的姿势为准备姿势，从准备姿势开始，快速交换两腿的位置，即一腿摆动到撑地手的侧面，另一腿快速回到原位，如此重复交换进行练习。

6．快速弓箭步

以两腿大幅度前后分开的弓箭步姿势开始，然后在保持上体平行的前提下，让弓箭步的前后脚交换位置。注意两脚跨步的步幅不可窄小（即前后脚的距离不能太近）。

7．跳绳

在跳绳中加入各种动作，如高抬腿跳、后踢腿跳等，中途不可失误，以此来培养集中注意力的能力。

四、柔韧素质训练

对于网球运动员来说，提高柔韧性主要有四个好处：首先，良好的柔韧性可增加运动时关节的活动幅度；其次，良好的柔韧性可以让支配身体各部分的能力增强；再次，还可以提高运动效率；最后，在一定程度上降低了运动损伤的可能性。克里斯特尔斯如果没有良好的下肢柔韧性，要想做出高难度的劈叉击球是完全不可能的。可见，良好的柔韧性是取胜的砝码之一。

柔韧性训练通常可分为静态拉伸、动态拉伸和本体感受神经肌肉性促进法（简称 PNF 拉伸法）三种。而针对不同部位可采用不同的练习方法。

静态拉伸：利用固定的肌肉张力来提升柔韧性，如做肩关节柔韧性训练时，每个动作需要维持 6～10 秒，每组动作重复 5～10 次。

动态拉伸：利用反复的动作，增加伸展反射的能力。这种伸展有助于肌肉的舒展，避免肌肉紧绷或肌纤维撕裂的运动损伤。建议先做静态拉伸，再做动态拉伸。

（一）腕部拉伸

1．桡侧腕屈肌伸展

伸直右手手臂，放在身前与地面平行，掌心向下，左手向下握住右手背顺着关节拉右手手掌，保持一段时间后松开，换手操作。

2．尺侧腕伸肌伸展

伸直右手手臂，放在身前与地面平行，掌心朝上，左手向下握住右手手掌逆关节牵拉右手手掌，保持一段时间后松开，换手操作。

（二）肩部拉伸

1．肩部前内转（三头肌及肩三角肌伸展）

右手臂呈水平伸直，左手将手肘内拉放在身前，采用静态拉伸。

2．肩部侧转（肩三角肌伸展）

手臂伸直放在身后靠在墙上做身体的侧转动作，采用静态拉伸。

3．肩部向上侧伸（肩三角肌伸展）

将手肘抬起，前臂置于头后，左手将手肘向左拉，采用静态拉伸。

4．双臂向后伸展

将双臂伸直，两手交握放在身后进行伸展，采用静态拉伸。

5. 跪姿手前伸展

跪在地上，左手伸直，右手屈肘放在胸前，像小猫伸懒腰一样趴在地上进行静态拉伸。这个动作可以单手牵拉，也可以双手牵拉。

(三) 腿部拉伸

1. 坐姿体前屈

放松地坐在一块平地上，双腿伸直并拢置于身前，拉伸时上半身下压，尽量用头触碰膝盖，双手拉住脚尖。这个动作有助于后腿肌、臀大肌及下背肌的伸展，练习者可在同伴的协作下进行 PNF 拉伸训练。

2. 坐姿体侧屈

放松地坐在一块平地上，双腿伸直呈"八"字形放在身体的两侧，拉伸时上半身向侧面下压，尽量用头触碰右腿的膝盖，双手拉住右腿脚尖。这个动作有助于后腿肌、臀大肌及下背肌的伸展，练习者可在同伴的协作下进行 PNF 拉伸训练，并换腿操作。

3. 仰卧抬腿

放松地躺在一块平地上，双手抱头放在脑后，双腿自然伸直。拉伸时，同伴将练习者的右腿抬起，向其上半身下压，腿保持伸直。这个动作有助于髋部的伸展，练习者可在同伴的协作下进行 PNF 拉伸训练，并换腿操作。

(四) 踝部拉伸

放松地坐在一块平地上，双腿伸直并拢放在身前，双手放在身后撑地。同伴将手放在练习者的脚背上向下压。这个动作可以增加踝部的柔韧性，练习者可在同伴的协助下进行 PNF 拉伸训练。

(五) 膝部拉伸

1. 立姿单腿屈膝

双脚与肩同宽站立，左手向后抓住右脚弯曲向后拉伸，练习时为了保持平衡，可以扶住墙面进行练习。该动作采用的是静态拉伸。

2. 前推后弓

呈弓步站立，拉伸大腿的内侧肌。练习时要尽可能伸展大腿及小腿，注意不要反复做下压动作，这样容易拉伤韧带，应该采用静态拉伸的练习方法。

3. 小腿的拉伸

呈弓步站立，但不要蹲得太低。双手扶住墙面，将重心放在后腿，拉伸后腿的小腿肌肉。这个动作采用的是静态拉伸的练习方法，可以促进四肢肌肉的伸展。

五、灵敏素质训练

（一）灵敏素质的基本概念

灵敏素质是指在各种环境突变的条件下，人体迅速、准确、协调、灵活、敏捷地完成动作的能力。它是人们活动技能和各种身体素质在活动过程中的综合表现。灵敏素质包括三层含义：掌握复杂动作的协调能力；迅速学会和完善动作技巧的能力；根据变化情况迅速准确地变化技巧的能力。

灵敏素质在体育训练以及日常生活、工作中有很大的意义。球类运动项目经常要求训练者做出各种起动、急停、变向动作；跳水、体操等项目则要求运动员经常改变身体的位置和方向。敏捷地躲避突发危险，快速处理紧急事件等，都要求人体具有调节身体方位的高度的灵活性。这一切都说明，灵敏素质是掌握和完善动作的重要前提。

（二）灵敏素质的分类

灵敏素质可分为一般灵敏素质和专项灵敏素质两种。一般灵敏素质主要表现在运动过程中的身体方位、动作变化及其适应能力，如变向、躲闪等；而专项灵敏素质为各种运动项目技术上的变化能力，如网球比赛中的急停、变向、转身、后退，足球运动员的躲闪、晃动，体操选手的快速转身、翻腾等。专项灵敏素质与运动成绩有着密切的关系，而各个运动项目间的灵敏素质不可相互代替。如有人面对球类项目得心应手，而在做体操动作时未必那么灵活。因此，灵敏素质的训练应根据实际需要，因人而异。

（三）影响灵敏素质的因素

灵敏素质在人的身体素质中占有特殊的地位，它以多种方式与其他身体素质发生联系，并且与动作的熟练程度密切相关。影响灵敏素质的因素有很多，主要有以下四个方面。

1. 大脑皮层神经活动的灵活性

灵敏素质是由大脑皮层神经过程的灵活性所决定的。人的大脑皮层神经过程灵活性高，对肌肉的指挥能力强，就能使肌肉缩放及时，使各肌群工作协调一致。经常参加体育锻炼，尤其是各种灵敏性训练，可以改善大脑皮层神经过程的灵活性，提高大脑皮层对肌肉的指挥能力，提高各种感官的灵敏度，保证各种应答动作准确迅速。

2. 身体素质的发展水平

灵敏素质的发展有赖于其他素质的发展。特别是反应速度、动作速度、柔韧性、爆发力等，都与灵敏素质有密切关系。良好的反应速度和动作速度直接影响到动作的灵活程度，而力量则是快速完成动作的基础，良好的柔韧素质可以将复杂的动作准确自如地表现出来。其他素质发展了，就能相应地促进灵敏素质的提高。因此训练时要注意把灵敏素质和其他素质的练习结合起来。

3. 掌握技能的数量与熟练程度

运动员在学习新的动作时，总有一部分是依据已经学过的动作有机地串联起来的，它们与所要学习动作的新要素一起构成特殊的联系，组成新的技能。这就说明，运动器官的训练越精细、越准确、越多样，条件反射联系的储备越丰富，所掌握的技能就越多、越熟练，对于新动作的形成就越适应，做动作时就能表现出更高的灵敏性。网球运动中，攻防对抗条件不断变化，需要快速准确地做出应答动作，这些动作的展现与已经掌握的技能数量和熟练程度直接相关。

4. 生理、心理状态

良好的心理状态对灵敏素质的发挥能起到积极的影响。只有坚毅、果断才能快速、协调地完成动作，更能表现出动作的灵敏性。遇事犹豫不决，就会使肌肉和神经都处于迟钝状态，影响到灵敏素质的发挥。另外，身体脂肪过多、体重过大、过度疲劳等不良生理状态，也会对灵敏素质产生直接影响。

（四）发展灵敏素质的原则

发展灵敏素质，除了必须遵循身体素质练习的一般规律以外，还应该注意遵循如下几点原则。

1. 掌握时机，持之以恒

灵敏素质的发展与时间有关，一般来说青少年 7~13 岁是发展灵敏素质的最佳时期，但在 20 岁左右灵敏素质的发展仍有一定的潜力。只要安排得当、持之以恒，灵敏素质必然会提高。

2. 综合训练，全面发展

灵敏素质是人的活动技能和各种身体素质在活动过程中的综合表现，有赖于其他素质的发展水平。因此，在选择训练内容、采用练习手段时，要充分体现这一特性，把灵敏素质与其他身体素质（尤其是速度、力量等素质）结合在一起练习。

3. 区别对待，因人而异

不同的运动项目对灵敏素质有不同的要求和表现方式。训练中，应根据活动内容和运动项目的需要，采用与其相一致的手段和方法。例如，球类运动员多采用躲闪跑、"Z"字形跑、急停急起等手段提高灵敏性。当然，对于一般锻炼者而言，也应重视提高日常基本活动所需的灵敏性。

（五）发展灵敏素质的手段与方法

发展灵敏素质应从培养各种能力入手，如掌握动作的能力、反应能力、观察判断能力、节奏感等。应注意每次练习的时间不宜过长，练习的重复次数不宜过多，每组练习之间应有足够的休息时间，但以不影响神经系统的兴奋性为度，一般练习与休息的时间比例控制在 1∶3 左右。另外，要合理安排训练顺序，一般来说发展灵敏素质的练习应安排在整体练习的前半部分，这时的人体力充沛、精神饱满、注意力集中，有利于灵敏素质的提高。发展灵敏素质应采用多种练习手段。

1. 活动性游戏及球类项目练习

经常做活动性游戏和球类项目训练，以及各种类型的障碍跑、变向跑、侧身跑、后退跑练习，让练习者在跑跳中迅速、准确、协调地做出各种动作。例如，快速改变方向、各种躲闪、突然起动、急停、迅速转体，对视觉、听觉、触觉器官接收到的信号做出快速应答动作等。

2. 不断改变练习条件

提高灵敏性必须创造多变的、非传统性的、新的联系。例如，改变动作的节奏和速度；改变完成动作的空间范围，缩小练习场地；改变完成动作的方法，如向后跳远，用相反的姿势完成动作；增加或减小阻力的练习；设置不同类型的对手；等等。

3. 调整身体方位

训练者可以经常利用体操器械做各种倒立、翻滚、摆荡、转体、腾跃动作，这些练习可以有效地发展人体的本体感受能力、平衡能力和判断能力，从而发展灵敏素质。

4. 不断更新学习内容

如果一个人较长时间忽视学习新动作，那么学习能力就会逐渐消退。按照新的、即刻决定的规定做出动作是发展灵敏素质的先决条件。因此，练习内容要多种多样，不断变化和更新。

第二节　网球运动心理训练

随着网球运动的快速发展，运动员在身体与技术方面的差距越来越小，很多职业运动员的水平不相上下，靠某种战术压倒对方的现象已不存在。而更多的网球运动员、教练、裁判以及球迷们发现，良好稳定的心理素质成为运动员体能和技战术以外的另一重大影响因素。综合观察发现，能稳定地发挥高水平技术的职业球员，一般都具有很强的心理素质，包括自信心、注意力、行为动机和情绪控制等。

一、心理素质训练的分类

一般情况下，心理素质的训练主要可分为一般心理训练和比赛心理训练两种。一般心理训练主要是指在专项训练中改善运动员的心理过程，对运动员的心理潜力进一步挖掘，从而使运动员的个性心理特征得到改善，提升心理自我调节控制的能力；比赛心理训练主要是运用心理自我控制调节的技术和手段，形成良好的心理状态，以激发运动员的参赛动机，提高运动员合理运用体能、技术战术意识，进而取得优异的比赛成绩。

二、心理素质训练的意义

心理素质训练的特点主要包括以下几个部分。

（1）有意识、有目的。

（2）是对运动员必须具备的各种心理素质的提高和完善。

（3）是对运动员心理品质和个性心理特征的全面而系统的教育过程。

心理训练和身体、技术、战术训练构成了现代网球运动训练的基本内容。它体现了现代网球运动水平的提高，在很大程度上依赖运动员心理智力、知识水平等因素的发展规律。在网球运动中，运动员不仅承受了一定的生理负荷，而且承受了较大的心理负荷。因此，如何提高运动员的心理素质、改善心理机能，是运动训练中必须重视和解决的重要内容之一。

事实表明，如果没有良好的心理训练水平，即使身体、技术、战术训练再好，也难以在比赛中取得优异成绩。尤其是随着现代网球运动员的水平越来越接近，在比赛中出现关键比分的情况越来越多，比赛的胜负往往在一两球之间，这时运动员的心理因素会对比赛产生至关重要的影响。

运动实践反复证明，许多优秀运动员在比赛关键时获胜，大部分归结为心理上的优势；而不少比赛失常的运动员都是因为精神过度紧张。因此，运动员应具备良好的认知能力，即感知能力、记忆能力、想象和运动表象能力以及思维能力等；应具备网球运动所必需的自信心、进取心、意志力等心理品质；应具有适应比赛变化、克服极端困难条件的心理适应能力以及情绪的稳定性和心理状况的自我调控能力，这样才能完成比赛任务。而这一系列的心理能力都需要经过长期的、有计划的心理训练才能获得。

三、心理素质训练的方法

对于网球运动员心理素质的训练方法，主要是从运动员的自信心、注意力、行为动机和情绪控制四个方面进行，具体如下。

（一）运动员自信心训练

简单地讲，自信就是可以成功完成某种动作的信念，自信反映出来的外在表现就是人们在面对问题时的镇定以及解决问题的方法多样等。自信的球员渴望成功，并对自己的各种技术能力充满信心。

在比赛中拥有自信，有助于球员集中意念，可以激起积极的心态，增加坚忍力并坚定努力，这在一定程度上对目标设定起积极作用。并且，自信还会影响击球方式的选择。

在学习网球的过程中，每次成功击球、教练的鼓励和同学的赞扬等都会提高学习者的自信心，其中学习者自我赞赏是提高自信的决定因素。关注每次练习的提高，每次击球动作的改善，以及每次快速移动击球的准确性，是培养并获得网球自信心的重要途径，增强自信心的训练方法如下。

（1）使用积极的自语。积极的自语对一名选手在逆境中做出的反应具有戏剧性的影响，并直接影响到后来的动作或感觉。

（2）运用意象或想象。回忆自己是怎样进行艰苦训练的和怎样做好准备的，力求在场上展示出一种自信的形象。

（3）增长知识，模仿优秀选手。将自己与对手在技能上进行对比。

投入更多的时间，刻苦练习自己没有把握的击球技术，以增强自信心。

（4）确保良好的身体条件，提高体力和耐力水平。运动员需满怀信心和积极的思维（使用自语），这样身体才能以更自信的方式做出反应。

（5）当对手发挥好时，要保持信心，提高自我约束的能力。

（6）为自己确定现实的目标。

（7）教练员应让队员知道他相信他们，人们在知道别人相信他们时会更容易相信自己。

另外，运动员还可以通过减少压力的思维方式，来树立自信，简述如下。

（1）承认自己正处于劣势，胜和负是对观众而言，自己只求尽最大的努力。这样就会帮助减少压力。

（2）自己喜欢激烈的场面，场面越激烈，自己发挥得越好。

（3）自己的教练只希望自己尽最大的努力执行自己的比赛计划。

（二）运动员注意力训练

注意力集中是贯穿网球运动整个过程的最重要的心理技能。在训练和比赛中，选手的注意力时常会受各种因素的影响而分散，跑到与训练比赛无关的事物上，对自身的发挥和比赛的结果造成影响。所以，对于球员来说，注意力的集中是自身技术发挥的重要前提。

1. 集中注意力的方法

运动员自身集中注意力的方法主要有以下几种。

（1）长时间集中注意力会使人产生疲劳，运动员应该利用比赛过程中的"死球时间"，合理有效地恢复注意力。

（2）一场比赛中，两分之间的空隙时间是最难集中精力的时间。这时，运动员应在观察局势的前提下，适当进行放松，调整注意力集中的程度，利用身体的放松避免焦虑。

（3）力求将注意力集中在对赢得这一分有帮助的事情上（如观察对手的抛球）；练习视力控制，用眼睛注视有关的目标，如球的接缝、拍弦等。

（4）使用暗语或者自语。如"看!""盯好!""加油!"等。

（5）击球时果断而坚持。如发球时，在想好发球类型及落点后，不要犹豫，努力发挥就好。

（6）使用呼吸调整法帮助集中精力。

2．提高注意力的方法

在网球训练中，对于提高运动员注意力的方法，主要有以下几种。

（1）对打喊话式。根据教练员的口令，如"打斜线"等，用不同的方式击打每一个球。并在每一个球弹起时说"弹起"，每一次击球时说"打"。

（2）多球训练。教练员随机给球员喂送不同颜色的球，每种颜色代表着不同的击球方式，如绿色球应打斜线球，蓝色球应打直线球。可根据球员击球质量适当加速。

（3）发令法。教练员通过用特定的口令或方式来引导运动员的动作，运动员需集中注意力获取信号，并根据教练员发出的信号做出相应的动作。注意练习持续时间不要过长。

（4）看表法。运动员主要是通过观察手表秒针移动的方式来进行锻炼。一般以连续注视表内秒针移动5分钟为宜。每天在白天和晚上临睡前各练一次。每次练习需进行三遍，练习间隔需在15秒以下。

（5）观众行为模拟。模拟比赛中观众响亮的加油声或突然的动作，有意识地给球员造成压力和干扰，有助于减少运动员在实际比赛中的应激反应，提高运动员的注意力。

（三）运动员行为动机训练

在网球运动中，人们打网球的原因包括朋友间的影响、个人爱好、学习或提高技能、运动的满足、结交朋友、成为高水平球员等因素，这些因素都是行为动机。行为动机与责任感也有关系，且有责任感的运动员训练更刻苦，教练员的目标应是理解并满足运动员的行为动机的需要，并制订一个合理、能鼓励运动员的训练计划。

增加动力的方法主要包括成绩记录法（每天记录自己的成绩）、目标确定法（树立远期目标、中期目标及近期目标）等。

（四）运动员情绪控制训练

现阶段，在网球比赛中经常会出现激烈的对抗，随着这种对抗的持续，运动员也会产生一些情绪，进而影响到比赛的结果。其主要表现在以下两个方面。

（1）兴奋。兴奋对于运动员技战术的发挥有着十分积极的作用。

（2）紧张或焦虑。这种情绪不利于运动员水平的正常发挥，甚至会对后续比赛产生更大的影响。

所以，运动员的情绪状态对于比赛的胜负有着极其重要的作用，甚至在一定程度上决定了比赛的成败。因此，比赛中运动员一定要心理稳定，调节控制好情绪。

事实上，影响兴奋与发挥之间关系的因素有很多，如人与人之间的差别、对压力的承受能力、感觉压力的方式、自信程度等。运动员在处于适度焦虑的状态时，会出现最佳竞技状态。这里我们就对几种情绪控制的训练方法进行详细论述，具体如下。

1. 提高兴奋度的方法

一般情况下，运动员主要可以从生理活动及心理调节两方面来提高自身的兴奋度，具体如下。

（1）生理活动。生理活动包括有力的动作（在两分之间的间隙时间里用脚尖上下跳动，保持双脚活动）、加大技术动作的力量等。

（2）心理调整。对于心理的调整，运动员一方面可以使用如"加油""上"等积极的词语或使用"使劲""快"等提高情绪的词；另一方面，可以想一些产生动力的事或者把当时的局势看作一种挑战，力求全力以赴。当然还有最后一招：发怒。

2. 减少焦虑的方法

一般情况下，运动员可以通过以下几种方法来减少焦虑。

（1）用收缩和松弛的方式，使肌肉得到一定程度的放松，并通过摇动双手、双肩和颈部的方式塑造一种强劲的外在形象。

（2）用深呼吸的方式，使自己的情绪得到有效缓解。把焦虑大口地

"吐"出去,并通过一系列的方式(握拳、仰头看天等)使自己振奋起来。

(3)处理问题时多温和,少严厉。放慢速度,两分之间多休息一些时间。当开始打这一分时,加大步幅。

(4)感到将要产生紧张时,运动员可以通过微笑让自己显得自信、平静和能够自控。

另外,通过心理上的调整,也可减少焦虑,具体如下。

(1)承认紧张。承认紧张但绝不能害怕紧张,因为这是你已进入比赛状态和重视比赛的信号。要注意,一般出现紧张时,打法要更具攻击性,打比赛是为了赢,而不是避免输。

(2)动作放松的技巧有逐步放松、自体训练等。使用"放松""没事"等词语进行情绪调节。尤其是在两分之间的间隙时间里,一定的放松尤为重要。

(3)通过命令自己等形式,将注意力集中在自己能控制的东西上,如"我要发外角球""我要打上旋球"等。每一次将注意力集中在一点和自己能做得最好的事情上。

(4)不要想不能发挥,不要有消极的想法。对每一分和每种情况都要确定具体目标,犹豫时,努力进取,让失误成为过去。

(5)以争抢关键分的心态打好每一分。尤其是在对待逆境时,要采取正面的、积极的态度。

3. 提高控制情绪能力的训练方法

在网球运动训练中,提高控制情绪能力的训练方法主要包括以下三种。

(1)比赛计分方法。具体过程如下。

①运动员应遵循在两分之间的间隙时间里适合每个人特点的 4 种常规做法。

②运动员应遵守的发球常规(降低兴奋度)不同于接发球常规(提高兴奋度)。

③运动员应遵循交换发球（场地）时适合个人特点的常规。

④在练习比赛记分的整个过程中执行行为准则。

（2）肌肉紧张练习。首先要对不同程度的肌肉紧张进行体会：1（非常松弛）到10（非常僵硬）。每5～10秒，从1～10的数目中叫出一个数字，运动员以此来调整其肌肉紧张度，并确定其理想的肌肉紧张度。

（3）不同击球类型的练习及多球练习。如进行发球、截击、击落地球等形式的练习，以便运动员调整紧张度。

第五章　网球运动战术教学实践指导

第一节　网球战术基本理论

一、网球战术的概念

网球战术是以胜负为最终目的的战术，具体是指运动员在网球比赛中为了战胜对手或者为了取得期望的比赛结果而采取的计谋和行动。网球战术有广义和狭义之分。广义的网球战术是指技术、意志、智能和素质等在比赛中有针对性的综合运用。狭义的网球战术是指运动员在比赛中根据对方的打法类型及技术特点有针对性地采用各种技术的原则和方法。

网球战术是每个网球运动员的各种竞技能力得以在比赛中全面地发挥出来的条件。运动员在比赛中，根据自己和对手的具体情况，正确而又有目的地把自己所掌握的各种技术，有意识地组合起来，最大限度地发挥自己的各种竞技能力，克敌制胜。另外，合理、正确地运用战术可以在争取比赛胜利的过程中有效地减少耗能。

二、网球战术体系分析

（一）网球战术与运动员素质水平

现代网球对运动员的综合素质有较高的要求，运动员的网球战术运用能力与运动员技术、身体素质、心理素质之间是互相联系、互相依存、互相制约的辩证关系。技术、身体素质是战术的物质基础，心理素质是战术的思想保证。比赛中，技术、身体素质、心理素质总是在具体的战术配合、战术行动中体现出来，并及时充分发挥和良好运用的；同时良好的战术可以促进运动员技术、身体素质、心理素质的提高与发展。

（二）网球战术与运动员战术能力

网球运动员的战术能力是运动员整体竞技能力水平的主要构成部分，它是运动员掌握和运用战术的能力，网球运动员战术能力的强弱反映在其战术观念先进的与否、个人战术意识及配合意识（双打）的强弱、战术理论知识的多少，所掌握的战术行动的质量和数量、运用战术的即时性和有效性等方面。如果运动员在比赛中不能有效地执行制定好的战术，或者运动员没有根据赛场局面的变化，按原来的战术计划进行，便很可能陷入被动，不能达到预期的比赛结果。

三、网球战术的基本原则

（一）知己知彼，目标明确

良好的战术运用，要求网球运动员必须设计一套现实的比赛方案，对自己做出正确的评价和学会分析将要遇到的对手的情况。合理地利用战术能使自己进步更快，获得更大的成功。

网球比赛前，运动员除了要对自己的运动情况和技术水平做到心中有数，还要通过观察和分析，了解对手的比赛状态和整体作战情况，客观地摸清对手的基本打法类型、技术和战术运用的特点、特长技术、体能状况、心理素质等。然后有针对性地制订出自己切实可行的战术方案。

（二）积极主动，勇猛顽强

良好的比赛状态和气势对于网球运动员在赛场上震慑对方具有重要作用，因此在网球比赛中，力争积极主动，打出气势，以控制比赛的程度和节奏。一旦拿定主意，就坚决地打下去。比分领先时要做到胜不骄，乘胜追进；在打相持球和处理关键球时绝不手软；落后时不气馁，敢打敢拼，大胆贯彻自己的战术意识，顽强拼搏到比赛的最后一刻。

（三）善于观察，扬长避短

随着现代网球的发展，网球运动员的综合运动技术越来越接近，从某种角度上来说，网球比赛就是在比谁能发挥自己的长处，避免自己的短处。因此，在比赛中要有耐心，仔细观察。善于真正抓住对方的弱点，寻找对手易出现失误的规律，扬长避短，掌握比赛的主动权。

优秀的网球运动员都有自己独特的打法和风格，不管哪一层次的运动员，也都有其长处与不足。在比赛中，运动员首先拿出自己的特长技、战术，发挥自己的长处，从而使对方暴露出弱点。如有的运动员较难处理高而深的球，有的运动员正手或反手击球经常出现一边比另一边差；采用正手、反手、正手的顺序打对方，如对方不失误，可采用反手、正手、正手的攻击方法，结果却能使对手出现接球失误；当与擅长底线技术的运动员比赛时，就要想法不让他留在底线；当与发球上网型选手对峙时，则要限制他上网进攻，尽量不让对手发挥他的长处等。

（四）掌握节奏，攻守平衡

网球比赛的节奏渗透在网球攻守的战术之中，进攻的节奏是通过进攻的速度快慢和强度变化交替灵活地运用来体现的。防守的节奏是通过延缓对方的进攻速度和增加对方进攻的难度来体现的，掌握节奏极为复杂，极具艺术性，它与比赛经验、临场应变能力、观察和判断场上形势、捕捉战机等的关系十分密切。掌握和控制好攻守的节奏是在网球比赛中获得主动权的重要手段。

网球运动中，任何进攻战术都是为了创造机会直接得分，攻守平衡不仅要求在战术指导思想上要有清楚的认识，在战术打法上也要有充分的体现，更重要的是在个人的能力上要具备全面的攻防能力，既有进攻能力，又有出色的防守功夫。任何防守战术都是为了阻止对方获得得分机会或让对方出现失误而失分。实践证明，片面强调进攻或防守都不可能实现网球比赛预期的比赛效果。

（五）充分准备，敢于创新

现代网球场多建在室外，在室外进行比赛时，天气状况有时是很难保证的。当天空艳阳高照时，就应该考虑是正对阳光还是背朝太阳；有风的天气，就应该考虑是顺风还是逆风。不同的天气情况应该采取不同的战术方案和打法，因此，网球比赛中要根据当时的自然环境制定相应的战术方案。

现代网球比赛情况千变万化，对手也会采用针对性的防守或进攻战术打乱你的部署，使你预定的战术套路难以实施。因此，必须鼓励和提倡运动员在坚决执行预定攻守计划的同时，充分发挥自己的创造性，提高合理运用战术的能力。根据赛场情况的变化适时改变既有战术进行比赛，是在激烈竞争中攻击对手的重要法宝。当今网坛高手云集，技术、战术发展突飞猛进。运动员在比赛中如能懂得战术并能巧妙地加以运用，就能在同等水平的比赛中占据主动地位。

（六）灵活机动，随机应变

机动灵活、随机应变是网球战术的基本原则之一。网球运动员在赛前根据自己的特点，精心设计并熟练掌握几套进攻、防守战术的打法是非常必要的。运动员在比赛中，打得不顺时，可采用备用战术，以对付场上的多种变化，力争克敌制胜。

在网球比赛中，当自己的战术被对手适应时，应力求改变，用变线、深浅的结合，打空当来调动对方，使其左右前后奔跑。用打身后球来打乱对方的步法；用组合击球拉开空当等战术增大对方击球难度；在交换发球场地时对比赛进行分析，以决定何时改变战术等。总之，运动员要根据赛场上的不同变化，灵活机动，随机应变，才能做到克敌制胜，始终掌握比赛主动权。

（七）技术、战术有机结合

在网球比赛中，技术是网球运动员的具体竞赛技能，战术是技术的灵活和创造性应用，是争夺比赛主动权的基础。因此，运动员应合理组合运用网球战术与技术，这是现代网球战术的重要特征之一，也是网球战术运用的基本原则。

网球运动员必须清楚地认识到，在网球比赛中，战术只能是作为一种比赛取胜的手段，而不是比赛取胜的绝对条件。网球战术必须同网球技术的运用密切相连。不同的网球技术在具体的运用时会达到不同的效果。当制定好战术打法以后，就必须选择与之相适应的技术动作。也只有具备了较出色的技术时，才能够充分地实施自己的战术意图，以控制对手和比赛节奏。

四、网球战术的制定依据

（一）根据环境制定网球战术

1. 根据风向制定网球战术

风向对网球比赛中战术的运用有很大的影响。遇到顺风和逆风时，运动员所应采取的战术具有很大的区别。

当运动员处在顺风一侧的场地比赛时，如果是顺风比赛，要时刻记住顺风击球会使球速加快，因此击球不应太发力，应该增加球的旋转，防止球出界。顺风打球时，如有机会一定要积极上网，因为网前击球比底线击球受风的影响少，且对手所处逆风击回的球的球速会较慢，有利于网前截击。顺风比赛，底线相持时，只需稳稳当当地把球打向对手的场地即可，不必非要速战速决。因为，对手要付出更多的努力才能打出和你一样的球速，所以只要稳扎稳打即可在比赛中取得主动权。

当运动员处在逆风一侧的场地比赛时，运动员可放开全力击球，而不必担心球会被打出界。当对手上网时，尽可能挑高球，球要挑得深，一般情况下由于受逆风的阻力的影响，球往往会落在场内。一旦挑高球成功，再及时随球上网截击，就会很轻松地取得一分。

2. 根据阳光制定网球战术

目前，网球大赛中所使用到的网球场都应是按南北朝向修建的，在网球比赛中总是有一方的运动员是朝着太阳的，正对太阳一方的运动员在发球时，应该轻微改变自己的发球站位，或者抛球时应略低于正常高度。如果你的对手在挑边时，选择了发球，那么你应该尽可能选择正对太阳一边接发球，这样在交换场地后就可以背朝太阳发球。

背朝太阳时，要记住向哪个方向挑高球，一旦对手上网，可以随时挑高球。

对着太阳时，不要轻易上网，如果上网了，对方挑高球，可以打落地高压，但尽量不要让对手觉察。

3．根据气温制定网球战术

和其他体育运动赛事相比，网球运动赛事是一年中运动赛事最多的，一年四季都有比赛，这就要求运动员在不同的气温条件下适应比赛。

夏天比赛，气温高，体力消耗大，比赛中往往考验的是队员的心理和意志。当你感觉到热时，对方也和你一样，所以比赛时，你要尽可能地调动对手，让对手前后、左右地奔跑以尽快地消耗其体力。当对方的体力消耗殆尽，心理防线也会就此垮掉，你获胜的机会也就相应地增加。

冬天比赛，要充分做好准备活动，避免运动创伤的发生。挑边时，不妨先选择接发球，因为天冷气温低，开始时，身体各关节较僵硬，还未进入最佳状态，发球质量难以保证，对接发球一方较为有利。明确这点对于网球运动员合理制定战术具有重要影响作用。

4．根据场地制定网球战术

（1）草地

草地属于快速场地，在快速场地上进行训练或比赛时，应更多地使用削球和平击；发球时发侧旋的小角度球，而不仅仅追求大力发球；结合采用打高球，用非常小的引拍动作击球，然后移动至场内上网；攻击所有短球，要凶狠，上网并提前封住落点；采用低弹球的战略。

（2）沙地

沙地是网球比赛的一种慢速场地，在这种场地上进行训练或比赛时，击球多用上旋；发球时发上旋球或有角度的高挑球，而不仅仅追求大力发球；结合采用高球和上旋球，然后击半高球上网；不要攻击所有的短球，而是取得主动，将球击向对手身后；防守时变换打法；采用令对手疲劳的战术，因为慢速场地能让选手救起多数险球。

（3）硬地

硬地的网球场地介于沙地和草地之间，属于中速场地，一般来说，在中速场地上进行训练或比赛时，要善于使用各种类型的旋转，如上旋和半高球；发球时使用各种旋转和力量；结合采用不同旋转和不同高度的击球；攻击短球时击向对手身后，随球上网高空截击，采用满场飞的打法，截击空当。

（二）根据场区制定网球战术

1. 前场区网球战术

前场区，又称拦网区，是网球场中最具进攻性的区域。拦网区不会给一名选手任何的选择，在网前的移动通常是侧向和向前的，在这里必须完成向前的动作和进攻行动，即将球打死并且充分展示出攻击性和权威性。

2. 中场区网球战术

在网球比赛中，中场区域通常是运动员最重要也是最难掌握的地域，给选手的战术选择较多，若对手的回球如果弹落在这一区域内，则可以采取的措施：当来球弹跳很低时，可以向前跑动打一个随球上网；当来球弹跳较高时，可打一个正手或反手的击球结束这一分；试着放小球。通常，网球运动员在中场区所要做的就是利用打一个正手或反手击球结束该分向对手施加压力，这种情况越多越好。这种做法将自然地消除很多侧向和向后的动作，保持向前的动作，使对手充分感觉到你的自信心和权威性。

3. 后场区网球战术

后场区，又称基础击球区，因为通常运动员所制定如何取胜每一分球的计划都在这一区域。这一场区的战术制定要求运动员要有耐心、计划、视野与深度，在后场区需要有耐心及侧身移动灵活性，击球角度及准确性，为最终所要完成的向前移动或给对方致命一击做好准备。

（三）根据比分制定网球战术

在网球比赛中，运动员要善于根据比分适时改变自己的作战战术，变被动为主动。具体来讲，根据比分制定网球战术主要从以下几方面做起。

（1）比赛开始时，采用动作的攻击（让对手疲于奔跑，称之为BTU）。发挥自己的优点，打高成功率的球，让对手奔跑。开始的目标就是：先拿到30，因为先拿到30的球员有80％的赢球概率，即使这一局没拿下来，对手也会随着比赛的进行而觉得疲劳不堪。

（2）比分领先时，应做球技的攻击（攻击对手的弱点）。做球技的攻击需要控制和信心，球技的攻击会使对手的弱点在落后的压力下更加脆弱，而使自己的获胜概率大大增加。

（3）比分持平时，若打得好，采用球技的攻击；若打不好，则采取动作的攻击。如果比分为30-all或Deuce，要注意这种局面是怎么形成的。如果是连输前两球，局势有所转弱，因此应该采用较保守的打法，增加对攻的次数并使对手奔跑；如果赢了前两球而且很有信心，那么就使用那份信心做较具攻击性的打法。此时对手的气势正在转弱，他的弱点将更加脆弱。然而，也不要太过于大胆，因为若输了这一球，就变成使对手掌握局末点的优势。

（4）比分落后时，采用动作的攻击，这样可以限制非受迫性失误的产生，维持击球的继续并令对手跑动，击垮对手的体能，即使这一局你输了，但也让你的对手疲惫不堪。另外，它还能使你的心智集中，逐渐调整比赛状态。

单打比赛的重要特点是注重击球的方式，主要通过几种击球方式的组合来赢取得分。两位球员在各自的半场上随意站立，在比赛中不断变化、移动，开阔的球场既为球员提供了更加广阔的移动范围，也影响着比赛的发展。

第二节　网球单打战术教学

一、单打战术概述

(一) 单打战术分类

1. 上网型打法

上网型打法主要指的是通过网前进攻来获取得分的一种战术打法，主要有两个类型，一是发球上网，二是随球上网。发球上网是一种先发制人的打法。发球员利用大力的平击发球或弹跳高的上旋发球，有时也利用发球落点的变化，造成对方回球困难，随即快速移动到离网较近的位置，以截击球或高压球取胜。随球上网的打法主要指的是当赛场上出现双方一直僵持在底线对攻时，在面对质量不好的中场球时马上抢点抽击随后上网。上网型打法要求具有良好的发球技术、把握随球上网的时机、网前判断能力优异、脚步启动的爆发力。

这种类型打法的球员具有善于结合使用两种截击技术（发球上网截击、随球上网截击）和快速向前移动的能力。他们一发的成功率高，力求逼迫对手回击球质量不高，然后再以网前截击和高压技术为主要得分手段。这种打法通常在快速场地比在慢速场地发挥得更好。这是一种先发制人的打法类型。善用这种打法的运动员，通常身材比较高大，而且具有较高的发球和网前截击技术，较好的速度和力量素质，性格多数比较外向，与人比赛一般不恋战，喜欢速战速决。

2. 底线型打法

底线型打法是以正反手抽击球为基础的打法。这种打法多用在底线对攻上，很少主动上网，故耐力、敏捷的步法、击球落点等成为取胜的重要因素。此打法又可分跑动型底线打法和进攻型底线打法。其中，跑动型打法的特点是：具有良好的步法及耐力，意志顽强并具有灵活的头脑。由于移动是其特长而技术少有威胁，因此缺少主动得分的手段。进攻型底线打法的特点是：上旋发球技术稳定，接发球预判能力和手感非常优异，正反拍击球都具有很强的杀伤力。但底线的优异也突显出运动员网前预判能力的缺乏。

此种类型打法的球员靠近底线抢点（提前）击球，以底线抽球的速度、节奏、旋转和落点变化来争取主动，善用这种打法的运动员，通常具有非常扎实的底线抽击球技术和快速灵活的移动能力，在比赛中，主要凭借自己快速、凶狠、准确和稳定的底线抽击，迫使对手在场上疲于奔跑而失误。

3. 全能型打法

全能型打法指运用各种技术进行攻击和防守的打法。要求既能在底线来回击球，又能创造或不失网前得分的机会；当对方上网时，能击穿越球；对方击球较浅时也能随机上网，依靠灵活多变取胜。这类打法要求球员技术全面均衡，在场地的任何地方都能将球处理好。全面型打法的优势是：发球时，采用平击与上旋结合所制造的线路和旋转可以给对方造成直接威胁，在网前具有良好的预判能力，在跑动中也能得心应手地完成击球技术，掌控场上节奏的能力强[①]。

采用这种打法类型的运动员通常都具有比较全面的技术，没有明显的弱点。而且在实战中善于随机应变地运用各种技战术，在各种性能的球场上都能较好地发挥出自己的技战术水平，取得比较好的成绩。

（二）单打战术教学方法

在网球战术教学中，应根据学生掌握技术的情况和身体条件，无论是上网型打法、底线型打法或全能型打法，都可采用分类组合、循序渐进的方法进行教学，网球战术教学方法主要有以下几种。

1. 多球教学法

多球教学法和其他教学方法相比，可以有效解决单球练习密度不易加大、强度不强等问题，而且可以帮助学生学习和巩固基本技能，促进

---

① 陈祥慧，胡锐，张保华. 网球运动理论与实践［M］. 广州：广州中山大学出版社，2021.

特长技术的精进。用多球教学方法进行练习，拍数由少到多，由简到繁，线路由固定到半固定再到不固定。随击球、中场截击球、近网截击球、高压球、发球上网打法、底线打法、综合打法都能根据打法要求用多球进行练习。

2. 比赛教学法

在网球运动教学中，有目的地安排技术与战术的搭配练习以及战术的组合练习，对加速提高技术与战术水平及战术组合有着良好的作用。在教学中，运用教学比赛法可组织如结合发球或不结合发球的半场对全场、全场对全场的进攻及防守反击的教学比赛；定点随球上网或不定点随球上网的教学比赛；定点破网或不定点破网的教学比赛；发球上网的固定线路到接发球不固定线路的破网教学比赛等。

具体来说，网球比赛教学法可细分为专门技术与战术比赛教学法和擂台式比赛的战术教学法两种。详细分析如下。

（1）专门技术与战术比赛教学法。对该教学法的运用，一方面可以提高学生在实战中专项技术的运用能力；另一方面可以帮助学生在对抗练习中不断提高防守和主动进攻的能力。运用专门技术与战术比赛教学法可在教学中组织发球上网和接发球破网对抗比赛，随球上网对破网的比赛，底线紧逼进攻与防守的比赛，在底线左、中、右处的击球比赛，限定区域比赛，2/3 场侧身正拍攻对全场的比赛，记分比赛等。

（2）擂台式比赛的战术教学法。该教学法有助于增强学生的竞争意识和处理关键球的能力。运用擂台式比赛的战术教学法，可组织如在某些战术练习课中安排 30～40 分钟 2 人或 4 人打 2 局或 7 分决胜负的比赛；胜者继续与别的学生比赛。也可根据学生掌握技术的情况及需要解决的技术，规定对某些重要技术得分或失分加以奖励分和处罚分，以提高和改进重点技术的练习。

3. 检查教学法

网球教学的检查比赛战术教学法，可以检查学生当天或本星期的技术与战术练习存在的问题，以便在下阶段的教学比赛中加以改进。如每次练习课最后 20～30 分钟，可安排学生进行几局或结合发球的战术练习以及每周课程中安排 1～2 节技术与战术教学比赛课进行强化练习。

除了上述几种应用较为广泛的教学方法外，网球教学还有记分教学法，即用记分的方法进行战术的结合和对抗练习，以提高实战能力。

二、发球战术

发球在网球运动中是最有攻击性的一种战术和技术。就发球来说，与对手的实力没有任何的关系，不会受到对手对自身的影响。发球作为比赛的开始，也就意味着组织战术的起点。要想在比赛中赢得赛场的主动权，就需要在比赛的最开始将发球作为战术的一部分。

发球击球时的种类不同，站位及瞄准的目标也有相应的变化，单打发球站位的基本前提是：底线后中线附近。根据网球规则，发球队员可以站在端线以外，边线与中心线的延长线区域内，在任何一点认为有利于自己发球的位置上发球。单打比赛，之所以取位于中心线附近，是因为整个场地需要一个人来防守，无论对方将球接回本方的哪个区域，在中心线上起步去追球相对距离都是最合理的。

下面就根据发球的不同性质来介绍一下发球的战术。

（一）各种发球的战术

1. 发平击球

动作要领：抛球的位置和击球点都在右肩膀的右前上方，双腿用力蹬地，让身体充分伸展，腰腹先发力来带动整个手臂，使手臂产生鞭打动作，最后用手腕的力量在最高点用扣压的动作将球击出。为了能达到平击的效果，手臂挥动时，一定要有手臂内旋的动作。

（1）平分区发球（右半区）

站在中心线附近，发球的目标是右区内中线附近。从这个位置发球，球飞行距离最短，球可以从球网最低处通过，可保证较高的发球成功率，且球过网后飞向对方的反手方向，给对方接发球带来麻烦。

（2）占先区发球（左半区）

取位于中线附近，发球的目标是左发球区内中线附近。和平分区一样，发出的球可以从网最低处的位置通过，此时球虽然是发到对手的正手，但是从中心线方向接回的球很难打出角度，发这种球有利于自己防守。

2. 发切削球

动作要领：抛球的位置及击球点比平击发球都稍偏右一点，击球时像是从球的右侧向左沿水平轴横切球一样，使之产生旋转。

（1）平分区发球（右半区）

位于中心线向右一步的位置上，发球的目标是边线的内侧场地内。这样的发球落地弹起后则飞向场外，把对手调离场地去接发球，使场地里存在大的空当，给自己创造进攻的机会。

（2）占先区发球（左半区）

同样是站在中线的位置，向发球区边线内侧的场地内发球。球弹起后向左飞，给对方接发球造成困难。

3. 发上旋球

动作要领：抛球在头顶正中的位置，击球从后下方向前上方刷球的过程，使球产生明显的上旋。

（1）平分区发球（右半区）

站在中心线附近，球发向对方发球区的内角，上旋发球落地后弹跳比较高，对于接发球的人来说，在反手位接超过肩部的球，难度相当大，回球质量就不会很高，给发球方进攻创造了机会。

（2）占先区发球（左半区）

站在从中心线向边线跨一步的位置上，发球目标是对方发球区的外角。球弹起后，直逼对手的外侧，而且发球有角度，可迫使对方追出场外去接球。

（二）发球战术应遵循的基本原则

1. 攻击对手的反手侧

对于大部分的学生来说，都有反手球技术水平不高的问题，在这方面很容易出现失误，是自身的弱点。因此，如果将球向着对方的反手位发，那么对手的回击球通常来说攻击性不强，就为下一拍进攻创造了条件，从而争取主动，最终取得这一分。发球时如果把球发向对手的正手侧，遭受攻击的概率就会大大增加。

2．球发向对方的边角处

球飞向对方的边角处，对方在接这种球时，必须向边线方向快速移动且可能跑出场外，此时对方场区就会出现很大的空当，从而为进攻创造了有利的条件。

3．发深球

发深球会迫使对手移动到端线以外去接发球，因此接回的球不太可能有很强的攻击性。

4．发追身球

接发球中，追身球是很难回击的一种球。因为球是直接冲人的身体而来，回球时一时难以决定用正手还是反手接，这么一丝的犹豫就容易造成失误。

5．发旋转球

发旋转球是发球上网型选手惯用的手段。这种球落地反弹较高，常超过人的肩膀，给接发球造成了很大的困难，使其很难回出攻击性很强的球，甚至接发球失误。

三、接发球战术

接发球和发球一样重要，因为你不能破发就很难赢得比赛，而接发球是破发的基石。现代网球比赛中，发球、接发球的得分总和占一场比赛得分总和的 40% 还要多。好的接发球可以在一定程度上遏制对手的进攻，打破对手发球战术的计划安排，从而减少自己的压力。要想接好发球必须做到：准确的预判、合理的步法、迅速到位、正确的击球手法。当然，对于初学者要求很快做到这几点是很不现实的，但初学者必须清楚，这是努力的方向，是对方发球局争取主动的基础。下面就根据对方不同的发球战术，介绍接发球的有关技巧。

（一）各种类型发球的接法

1. 平击球的接法

（1）站位

如果判断对方的发球是平击发球时，一般应站在底线稍后 1～2 米处、靠近单打线水平越一步的位置上。不管对方的球发到正手还是反手，这种站位都可以冷静、从容应对。

（2）对策

当对方的球速很快时，引拍动作应该短小，及时地将拍面对准来球，借力将球顶回对方的场地，甚至可以不必挥拍，只将拍面对准来球即可。这时很难考虑和做到把球回到哪个区域，只注意争取把球打得越深越好。

2. 切削球的接法

（1）站位

切削发球在球落地之后，一方面具有向前的冲力，另一方面球还带着强烈的右侧旋转。在面对这种发球的时候，站位应该在平分区向边线靠近的位置，在占先区往中线靠近一点。

（2）对策

当对方的切削球的侧旋很强烈时，接这种球应及早向前踏步迎截，抢在球的方向改变之前击球，并且尽可能打深的对角线球，这样可以赢得时间，即使这时自己已经在场外接球，也会使自己有时间回到底线中间，准备下一次击球。

3. 上旋球的接法

（1）站位

上旋发球，在球落地后，明显地带有强烈的向上旋转，甚至球会弹到肩部的位置，给接发球带来困难。所以在平分区接这种球时，可稍稍靠中间一些取位。此外，如果有着高超的接发球技术，可以选择站在场内在球的上升点进行接发球，实现抢攻。

（2）对策

当对方的上旋发球落地弹跳得又高又远时，由于击球点越高回球越困难，因此回击这种球时应尽可能向前，在球没弹起之前将球击回。如果错过了这个前点，也可以在球下落的时候击打。另外，上旋球可以用切削来应对，这样有时可以收到意想不到的效果。

（二）针对对手的打法而采取的接法

为了给自己得分创造机会，在接发球的时候，就应该根据对手的打法类型制定自己的战术，进而一步一步实现自己的目标。

1. 针对底线型打法发球者的接发球战术

（1）平击球的接法

对速度较快的平击发球，可站在稍稍靠后的位置上接发球，这样做比较安全。接球时，先考虑的是将球回到发球方底线附近较深的位置，而不是再想加力打出更快的大力球，此时沉着冷静地打深球应作为首选的回击方式。

（2）切削球的接法

对落地侧旋的发球取位的方法是：在平分区时，站位应尽量向边线靠近；在占先区时，可稍稍向中线靠近一些。接拐向边线方向的切削侧旋球，最理想的回球路线是打向对方的对角线。因为自己接球时可能是在场地外来击打这个球，所以打对角线可以为自己回位争取时间。

（3）上旋球的接法

对落地弹跳得又高又远的上旋球，如果不能及时在球弹起前回击过去，那么被对手攻击的可能性就较大。

接上旋球的对策是稍稍在底线靠前的位置，注意在球弹起之前跨步上前击球。考虑到发球一方不是网前打法，等球下落时击球也可以，但是必须记住自己不能主动失误，且应把球打深。为了克制对方的上旋，可以采用下旋切球回击对方的发球，给对方的回球造成困难。

2. 针对上网型打法发球者的接发球战术

（1）平击球的接法

利用对方的球速将球打到其脚下是接这种球的上策。这种回球会给自己创造很多有利的机会。如果沉着应付下一拍，很快就会得分。

（2）切削球的接法

接向边线拐弯的切削发球，通常比预想的还要靠外。这时为了能争取时间回位，回对角线是关键，如果能打出深的斜线球就为打穿越球创造了条件。

（3）上旋球的接法

上旋发球的选手采用发球上网的较多，因为球在空中飞行的时间较长，发球者有充足的时间移动到网前，这时为了压制对手上网，应该抢先击打球的上升点，并把球打向对手的脚下。

（三）接发球战术的基本原则

（1）先要保证把球安全地打击到对方的场地内，不要想一拍就置对方于死地。

（2）尽可能将球回击到对手防守比较薄弱的一侧。

（3）对接发球的方式进行主动变换。

（4）根据自身的情况和能力，对接发球的旋转和速度进行改变。

（5）根据发球方的站位变换自己的接发球位置。

（6）如果发球方采用大力的平击发球，接发球最好用挡球式接发球。球落地后主动向前迎击来球，而不是撞击。用一个正确的转髋和转肩动作向后引拍，动作要小。

（7）接力量小、速度慢的发球，可以用快速击球或削球后上网进攻。

（8）接有角度的发球时要提前准备，朝球的飞行方向提前斜线移动，并回击斜线球，留在后场，及时回位。

四、底线型打法的战术

底线型打法主要指的是以底线正手、反手击球为基础组织的战术，主要通过变化旋转、速度、落点来制造进攻的机会和途径，这也是这一战术的指导思想，拉攻、对攻、紧逼攻、侧身攻、防反攻是底线型打法的主要战术。

（一）对攻战术

底线型打法中的两面攻战术，主要是通过对底线正拍、反拍抽击球所产生的进攻能力进行利用，同时配合不断变化的速度和落点，双方展开阵地战，在赛场上争取主动，从而达到控制对方，击败对方的目的。

（1）通过速度来对对手进行压制，对于对手的弱点通过正拍、反拍抽击球的力量、速度来反击。

（2）通过正拍、反拍的抽击球对对手的弱点继续打击，以此对对手进行压制。

（3）用正拍、反拍的有力击球调动对手大角度跑动，从而寻找机会进攻得分。

（4）利用底线的两个角来调动对手，再连续打重复落点，打乱对方的节奏，寻找机会进行变线。

（二）拉攻战术

在底线型打法中，拉攻战术是较为平常和普遍的一种战术，促使对方左右进行移动的方法有：一是底线正手、反手拉上旋球；二是正手拉上旋，反手切削球。拉攻战术是在对方进行移动的过程中寻找空挡和机会来取得得分的一种打法。

（1）通过正、反手拉强力上旋回击到对方的底线两个大角的地方，让对手一直在底线移动，不给对方上网的机会和底线起拍进行反击的机会，看准时机，赢得分数。

（2）通过正手、反手拉上旋球，紧接着加拉正手、反手小斜线，让对方来回跑动，消耗体力，增加低质量回球的概率，寻找机会进攻得分。

（3）逼近对手的反手深区，寻找进行突击的正手进攻。

（三）侧身攻战术

在底线型打法中，最主要的进攻手段就是侧身攻战术，侧身攻战术通过强有力的正拍抽击球加上预判与步法的移动，主要利用正拍在三分之二的场地对对手施加攻击。

（1）通过连续的正拍发起对对手的进攻，以此为自身得分创造机会。

（2）调动对手移动可以通过正拍进攻，使用反手来对落点进行控制，寻找合适的时机使用正手进行出其不意的进攻。

（3）利用全场，压制住对手，逼攻对手的反手位，寻找机会对边线正拍进行突击。

（4）通过正拍连续打出重复落点进行攻击。

（四）紧逼战术

底线型打法中的紧逼战术主要是利用快节奏来对对手进行攻击的一种方法战术，这也是很多优秀的世界级选手经常使用的一种进攻型战术。

（1）为了给对手心理施压，可以在接发球的时候就步步紧逼，发起进攻。

（2）通过对对手的反手位，连续逼攻对手，然后对正拍进行突击，寻找机会。

（3）对对手的底线两个角进行紧逼，使对手在压力下出现回球失误，寻找机会上网。

（五）防守反击战术

在底线型的打法中，防守反击战术有着重要的地位，在对防守反击战术进行执行的时候，会对良好的底线控制球的能力进行利用，通过判断准、体力好、步法灵、反应快、击球准确的特点来调动对方的活动，在防守的时候寻找反击。

（1）在赛场上，当对手使用底线紧逼进攻战术的时候，我们可以采用底线正、反手上旋球回击，将球回击到对手两个底角的最深处，不给对手创造可以进攻的机会，这样在比赛中寻找反攻的机会。

（2）当面对对手的发球上网战术时，可以采用迎上借力来击球，通过将球打到两边小角度或者将球打到对方脚下，在下一拍的时候找机会反击得分。

（3）在对方运用随球上网战术时，这一拍应加快击球的节奏，首选对方空当，如果打空当有难度，应把球打向对手的身体，使对手截不出质量高的球，为下一拍进攻创造机会，进而反击得分。

五、中场战术

中场区域是最重要也是最难掌控的区域。根据来球的高度可采用的击球方式有以下几种。

（1）当球弹跳低于球网时，可以采用向前跑动中随球上网。

（2）当球弹跳高于球网时，可以采用压制性正反拍击球获得这一分的胜利。

（3）当以上两种情况同时出现时，可采用假动作，放小球扩大场上优势获得这一分的胜利。

六、综合性打法战术

综合性的打法主要指的是建立在技术全面性和基本功扎实的基础上，依据不同的比赛对手和战术的掌握情况、考虑战术的需要和场地的特点，对各种战术打法灵活选用的战术。综合性的打法强调攻守的平衡性，遵守主动、积极、灵活的原则。

（1）在面对发球上网时，在接发球局可以抢攻；在发球局，将球回击到上网队员的脚下位置，在第二拍的时候准备破网。

（2）在面对随球上网时，不能给对手上网的机会，可以采用底线打深球战术将对手压制在底线；当对方已经随球上网时，可以采用拉上旋过顶高球或者采用两边不同节奏的击球实现破网。

（3）在面对底线上旋球打法的时候，用正手、反手对拉，在战术上采用发球上网或随球上网，通过反手的切削对落点进行控制，以此寻找进攻的机会。

（4）在面对底线较稳健打法的时候，可以通过紧逼战术、随球上网、发球上网等战术将对手的节奏打乱。

（5）面对接发球上网时，在发球的时候要提高第一发的命中率，对发球的落点进行变换，从而把握赛场主动权。

第三节　网球双打战术教学

双打和单打最大不同在于，双打是一场关于场地站位的较量，双打比赛中，相对狭小的空间限制了球员创造性的发挥，但也催生出更多合理的击球手段，一对双打配对可尝试不同的站位，然后找到最有效的应对对手的站位，并且根据对手的情况，进行变位。在双打比赛中，尽一切可能设法先占据最佳的网前进攻位置是首要的战术目的。道理很简单，在单打比赛中，防御性的战术如果运用得当往往也会取胜。但双打比赛却主要靠主动攻击取胜。双打比赛中最有利于进攻的位置是在网前。谁能占据网前位置谁就把握住了比赛的主动权。

一、双打战术概述

（一）双打战术的特点

双打是两人配合的比赛项目。从实际情况出发，针对对手的情况制定相应的双打战术方案是十分必要的，但在比赛过程中预设战术的实施要靠两人的密切协作与默契配合。与单打相比，双打战术的变化性与机动性都非常复杂，因此，不管是在高水平的双上网对攻战中还是在中低水平的攻防中，可以达成瞬间的默契与配合是非常难得的，这也是双打战术中最为突出的特点，是战术成功与失败的关键点。为什么有些优秀的单打选手双打的成绩却平平呢？除了单、双打属于两种不同的战术体系之外，有些单打选手在双打中缺乏密切的协作意识是造成比赛失利的主要原因。两个人只有在互相了解和信任的基础上才有可能建立"默契配合"，这需要二者进行长期的训练与磨合。优秀的双打配对应该是互创条件、相辅相成、紧密合作、扬长避短的，应该在赛场上互相鼓励、有呼有应，就算遇到失利的情况，二者也可以愉快、融洽地进行配合。

（二）双打与单打的区别

就网球战术来说。双打与单打在这方面有着完全不同的特点，具有很大的差距。但我们知道，双打比赛需要个人发挥单打技术，以此为基础进行配合来完成比赛。

从整体上来看，双打和单打在形式和打法上有着完全不同的特点。双打是以截击为主的，两人利用绝对有利的阵形来完成比赛，单打与之相反，主要依靠在底线打落地反弹球来完成比赛。对于单打与双打的区别具体如下。

（1）一般单打第一发球的力量较大，多用平击大力发球，因此命中率比较低；而双打要求发球上网（特别是男子双打必须发球上网），要求第一发球的命中率在 75% 以上，并强调落点位置，所以多采用命中率较高的切削发球或上旋发球，落点应在对手的弱点上，以利于上网或给同伴截击创造机会。

（2）单打战术要求尽量把球击向场地两角深处，球过网的高度可在 1.20～1.53 米；而双打要求把球打低些，打好落点球，防备对方截击。

（3）双打比赛挑高球的应用比单打多，高压球的机会也多。因此，双打运动员应更加注重截击球和高压球技术的提高。

（4）双打经常出现双方 4 人同时上网，短兵相接，激烈对攻。由于往返球速快，运动员的反应也必须更快，动作要迅速，判断要准确。双打中可采用二打一的战术，多攻对方较弱的选手。

（5）双打时，两个人的优缺点可以相互补充；而单打则必须靠一己之力来克服本身的弱点。

（三）双打的配对

对双打配对的选择是一个非常重要的决定，赛场中所组成的每一对优秀的双打组合，不仅需要在战术上可以相互补充，同时还需要在个性上进行补充，在感情上相处融洽。在对双打选手进行挑选的时候，两个选手之间应该建立在相互了解的基础之上，尤其是二者了解彼此在比赛压力较大时所表现出的行为方式和反应类型。

一般来说，成功的双打配对会由两位个性互补的选手组成，二者之间的个性差别不是配对的短处，而是长处。在磨合中，应该给双方一定的时间去了解自己伙伴的情况，包括在出现压力的情况下，彼此如何做出反应。在出现压力情况下，选手双方应该稳定情绪、相互扶持，对方向进行明确。

因此，对不同类型的同伴进行试验搭配，主要考虑风格和个性等不同方面，以此来确定什么类型的选手可以成为最佳的搭档。确定配对时，在比赛中应遵循以下几点。

（1）如果有一名实力强的选手，通常他应打反手一侧，因为通常在这一侧能得更多的局分。

（2）如果有一名左手握拍选手，通常他应打左侧，两名选手的反手比正手都好的情形除外。

（3）如果有一名擅长打右场或左场的选手，他应打擅长的一侧。

（四）双打战术的分类

1. 双上网型

双上网型阵型的主要特征：发球或接发球后采用上网战术，网前截击能力较强，步法灵活快捷，进攻意识较强。

双上网型战术的根本目的是积极创造一切机会和条件利用强有力的发球和接发球技术来对上网时机进行抢先，在占得上网时机后，对来球在空中进行截击，以此抢占有利的攻势，并且通过落点的变换和速度的变化创造得分机会。

2. 一底一网型

一底一网型阵型的主要特征：技术比较全面、均衡，无明显漏洞。根据分工的不同，网前球员抢攻意识要强，利用站位给对方击球施加压力，底线球员利用正反拍的进攻，落点与击球节奏的变化，为网前球员创造抢攻或得分机会。

一底一网型通过变化底线落地抽球的力量、速度、旋转、落点来积极调动对方，以此来争取赛场上的主动权，网前球员获得抢攻机会和得分机会。

3．综合型

综合型阵型的主要特征：球员的技术比较全面，能攻能守。除底线正、反拍击落地球技术比较好以外，还掌握较好的中前场技术、发球、接发球技术，穿越球能力也比较强，根据对手的不同打法、不同特点，能采取不同的应对战术。

此阵型战术灵活，变化多变，有时能采用双上网的打法，以快、狠为主要手段，占有前场有利阵势，为己方创造抢攻机会得分。有时也能采用一前一后的打法，底线球员利用快速、多变的正反拍技术，控制、调动对方，为网前球员创造抢点进攻和得分的机会。在接发球时能采用双底线打法，以守为主，守中反攻，伺机取得比赛的胜利。

4．双底线型

双底线型阵型主要特征：发球或接发球质量不高，对对手的威胁性较低，两名球员均留在底线，利用底线抽球的速度、力量落点和旋转变化降低被动局面。

此阵型可在比赛不顺利时采用，这种防守性站位可能会改变比赛的进程，优点是降低发球或接发球劣势时的压力，使同伴不会在网前处于被攻击的状态，在比赛中起到过渡、稳定战局与以守为攻的作用。

（五）双打战术的发展趋势

随着研究的深入，现代网球技术不断获得提高，网球双打战术也朝着更加积极和快速进攻的方向发展，主要呈现出的特点：以攻为主、积极抢网、快速灵活、战术多变、默契配合、狠巧结合。现代双打网球需要充分发挥二者在技术上的优势，对上网抢攻取胜需要尽全力争取，使双打的整体进攻和防御能力提升到一个更高的水平，具体表现在以下几个方面。

1．发球局坚决运用双上网抢攻战术

（1）纵观世界上高水平的双打发球局战术，不管是第一发球还是第二发球都会果断选择双上网抢攻战术，女子双打、混合双打也是如此。

如果发球员上网的速度慢或者不上网，就有很大的可能性被接发球者抢攻，因此陷入被动的境地，而双打失利的前兆就是失去网前的优势。

（2）为了使发球局网前抢攻优势保持下去，重要的一点在于发球员掌握发球技术。发球在双打比赛中有着特殊的要求，发球不仅在力量上表现出攻击力，而且在旋转变化和落点变化上也可以在与同伴的默契中得分。为了达到这样的目的，就需要第一发球的命中率达到80%左右，在第二发球的时候，可以在力量不减的情况下，继续发起上网进攻，同时增加准确的落点和旋转，创造有利的上网抢攻条件。

（3）在发球局，网前逼抢非常凶的情况下，在强有力的发球来配合网前截击的时候，就会很少出现丢失发球局的现象，正成为高水平双打的重要标志之一，即使处于"抢七"的短盘决胜局之中，也不可以轻易丢失发球分，只有这样才能保证自身的优势局面和地位。

2. 接发球局的战术新特点

（1）接发球局的抢攻意识明显提高

在过去，双打是一个接发球局两个人都会站在底线上进行严密防守的形式，通过严密的防守期待对方会在网前出现失误，以此来取胜。就目前而言，在接发球局的时候如果不给予对方严厉的反击来创造条件进行上网进攻，就很难在对方的发球局中得分，毕竟就算自己的发球局全胜，对方的发球局没有打破也是没有办法取得比赛的胜利的。在双打战术上应该体现出能攻善守、攻守兼备，保持发球局与接发球局的相对平衡现象，如果在接发球局太弱，没有反攻的意识和能力，就没有办法使双打达到一个更高的水平。

（2）接发球局战术新特点

①接发球的站位和打法：为了对发球一方的上网抢攻战术进行破解，对回球的时间进行缩短，就需要在双打比赛中，接发球的站位比单打的站位要更加向前一点。在接第二发球的时候更应该进行抢攻，呈现紧逼的势头，在接法上要轻重结合，不断变化打法和落点，同时注意动作的隐蔽，防止对方发现，同伴的默契配合与变化多端的接法可以表现

出非常强烈的反攻能力和水平。

②接发球同伴应该在抢网的时候凶狠，接球员的另一侧发球线附近应该站着接发球同伴，如果在接发球的时候成功赢得主动权，那么同伴就需要抢网进攻，将被动局面转换为主动局面，对对手上网进攻的节奏进行破坏。在过去，发球的一方的网前队员会用手势在背后传达给发球员自己要抢网的意图，现如今发展到了接发球队员同伴在中场也给接球员暗示，以此来实现配合抢攻的目的，给对方施加心理压力。现代高水平双打战术变化的常见现象之一就是双上网抢攻战术由之前的发球局发展到了现在的接发球局。

③如果接发球的抢攻成功，就会使对方陷入被动的局面，具体表现为：在接发球局的时候要抓住机会占据网前有利的进攻点，适时反扑，尽管与发球方有远近网的区分，但是网前的优势是由快速的网前截击落点以及质量决定，只要处理得好就可以突破对方的发球局。

3．双打网前的争夺愈加激烈

双上网战术中，两个人并肩作战，相比于单打，保护场地的宽度要窄 1/3 还要多。在赛场上，两个人只有占据有利的进攻位置，才能创造出有利的进攻条件，才可以争取到空间和时间，在近网通过大角度的截击和扣杀得分。换句话说，只有占据了网前的有利位置，才能控制赛场上的主动权。如何创造上网的进攻条件？双打战术的基础为截击球—破网技术、发球—接发球、高压球—挑高球等相互对抗和相关技术，只有具备以上这些技术和两个人之间默契的配合能力，才能完成优秀的双打网前战术。双打与单打在战术方面有所不同，不仅在发球和接发球的特点方面有所差异，同时双打削弱了底线正、反拍抽击技术的重要性，减少了底线正、反拍抽击技术的使用率，主要使用的是中近场截击、高压球、反弹球的网前技术和包括挑高球、破网在内的破网反击技术。

4．高难技术在双打战术中起着决定性的作用

因为在双打中会出现双上网抢攻，这就导致四个人会在网前短兵相接，使击球的节奏比单打要快得多，这就要求运动员具备击球的随机应

变能力并提高击球的难度。在双打比赛中，击球的校对比单打大，场区加宽，导致会增加很多的场区外回击球的概率。在双打比赛中会遇到很多单打中很少会使用的技术，比如，准确的大力旋转发球、快速的网前截击、为应对对方抢网变化多端的接发球、中场的低截击和反弹球、强上旋破网和挑高球、近网截击对攻变化的截击挑高球、放轻球等。这些在双打快速对抗中，由高难度动作组成的快速进攻战术不断推动着网球双打朝着更高的水平发展。

"快、狠、准、巧、全"是当代高水平网球中双打战术的风格。在发球局中实施强有力的网前攻势会提高接发球局的反攻能力；在双打比赛中不断增强的对抗能力和不断加快的节奏和转化速度，会使网球双打战术朝着更高的水平和方向发展。

二、发球局战术

就发球局而言，双打比赛与单打比赛是一样的，都是通过直接进攻，对对手施压，争取赢得比赛中的主动权，以此来为同伴网前抢网截击得分营造有利的条件。对于发球的战术而言，主要有三个方面：一是发球上网战术，二是发球抢网战术，三是澳大利亚战术[①]。

（一）发球上网战术

发球上网战术的基本原则即通过采用平击、侧旋或上旋大力、快速度、大角度落点准确的一发成功率，迫使接发球质量减低，为搭档创造抢网截击得分的机会。第二发球要利用旋转和落点的变化，来为上网创造条件。无论是一发或是二发都应考虑到对手的技术特点，采用能制约对手发挥特长的发球技术和站位。

（二）发球抢网战术

在使用发球抢网战术的时候应该在事先与同伴商量作战技巧，例如，发球员发在什么位置？要不要抢？采用发球抢网战术可以对对手接

---

① 杜宾. 高校网球运动教学理论分析与方法创新研究［M］. 长春：吉林大学出版社，2020.

发球造成干扰，从而创造出发球上网及抢网的有利得分条件。同时，需要对发球员的发球质量、落点、旋转、节奏的变化进行强调。

（三）澳大利亚战术

澳大利亚战术最大的作用就是可以给对方接发球的节奏造成破坏，从而创造出有利的发球上网及抢网条件。在使用该战术的时候，需要对发球落点位置进行协商，另外只有在发球员第一次发球成功时，此战术才能取得充分的效果。

三、接发球局战术

就接发球而言，双打与单打是完全相反的，在双打中，因为在接发球局中处于被动的位置，如果对方的发球员同伴网前的封网意识和随时的抢网意识比较强烈，这会加大接发球局的难度。因而，接发球局中战术运用成功的关键在于接发球的质量，为了变被动为主动，接发球时不能总是处于被动状态，应根据对方发球及网前的攻势，提高本方的接发球质量，与此同时，要采取积极上网、主动进攻的战术。对于接发球局而言，主要的战术有三个方面：一是接发球双上网战术，二是接发球双底线战术，三是接发球网前抢网战术。

接发球是处于防守被动的地位，运用接发球战术的目的，就是利用有利的站位和接发球战术，变被动为主动，力求将被动防守地位转变为有利的进攻局面，并可为同伴创造有利的防守和进攻机会。

（一）接发球双上网战术

多数在发球方一发质量不高或二发时所使用的战术。为了抢占网前有利位置，当对方发球时，接发球员利用较小的移动距离而取得较大的防守范围。迎前还击球，然后随接发球上网，迎前击球的目的是使接发球的速度加快，给对方发球上网截击或抢网造成威胁。接发球员的回击球方法多种多样，如回击到发球上网球员的脚下或斜线双打线内等。总的原则是达到能发挥自己的优势而抑制对方的目的。

（二）接发球双底线战术

在双打比赛中，如发球方的发球质量对接发球方的压力和威胁过大，而发球方的搭档在网前的抢网意识和能力较强，为了降低本方的被动局面，破坏对方快速进攻的节奏，使对方网前截击不能马上有效得分，采用此战术比较有效。除此之外，需要对接发球的成功率进行关注，在比赛中积极寻找机会进行反击，打穿越球的时候应该凶猛，在以中路球、两侧边线小斜线为主的基础上，为了获得赛场的主动权，可以与上旋高球进行结合。

（三）接发球抢网战术

在双打比赛中，最常用到的战术就是接发球抢网战术。在运用接发球抢网战术之后可以给对方中发球上网球员增加心理负担，即增加中场截击的心理负担，在心理的作用下，就会增大回球失误或回球质量不高的概率，为接发球员同伴创造抢网得分的机会。接发球员接了一个高质量的低平球或对方发球上网者脚下两侧，迫使其从下向上拦出一个质量不高的球，为搭档创造抢网得分的致命一击。

四、常用双打战术组合

（一）发球局战术

1. 基本阵式

通常发球员最好的发球和上网的位置应是中点和双打发球边线的中间，搭档一般应在场上另一侧网前，离网大约 3 米，离中线大约 2.5 米，离双打边线大约 3 米。

2. 澳洲阵式

此阵式的主要特征是：发球时，在网前的发球方队员，站立在发球员的同一侧，发球员则站立在中点附近发球。发球员发球后，立即跑向对角线上网去封截在基本阵式中原来由网前队员负责管辖的那半片场地。

此战术迫使对手改变原来习惯的击球方法和节奏，使得他们不能按原来所习惯的回击斜线球来进行接发球，而逼对手打他们所不擅长的直线接发球。由此而见，澳洲阵式主要适合针对不擅长进行直线接发球的选手使用。

（1）一发应以深入的旋转发球为主

在双打比赛中，发球并不需要发的过于强劲，但十分强调发球的落点，一般来讲应以深入的旋转发球为主。首先，带有旋转的发球有利于提高发球的成功率，而一发成功率的高低对双打比赛是非常重要的；其次，面对带有强烈旋转的发球，对手必须以切削的手法进行化解，这是比较需要技术的。更重要的是，旋转发球速度相对比较慢，如果发得比较深入，就会有比较充分的时间上网。所以不要过于计较于发球的速度而喜好运用大力的平击发球。事实上，发球速度越快，对手还击过来的球越早，这对下一步尽快地上网截击显然是不利的。

（2）力争控制球场的中央部分

在双打比赛中最主要的战术目的是控制球场的中央部分，一般情况下，谁能更多地控制住球场的中央部位，谁的胜算就更多。这是因为，发球使接球者的回击角度受到了限制，而有利于我们下一步在网前对局势进行控制。

为了达到这一目的，发球最好以发内角球和追身球为主。如果经常不在意地把球发向发球区的外角，那么对方就会有比较大的角度来选择回击的落点。

（3）发向对方的反手

若对手的反手接发球较弱，有意发外角逼他的反手，这也是一种比较好的发球战术。通常这种发球运用在第二发球区发球时，如具对方是左手握拍球员，那就正好相反。

（4）利用切击发球突袭对方的正手外角

由于在比赛中经常采用以发内角球和追身球为主的战术，对方就会将注意力集中在这方面。此时，应和搭档有默契地利用切击发球突袭对方的正手外角。运用这个战术有一点特别重要，那就是一定要使搭档多注意封截对方的直线穿越球。因为，此时打一个直线穿越球，正是对方的接发球员最好打，也是最可能形成攻击力的一种打法。

（5）抢截与补位

在双打比赛中，网前队员如果能预测出对方的接发球回击方向时，可以采用这种抢截补位战术：网前队员在对方球员接发球的瞬间，利用在网前的有利位置迅速向场地的另一边移动，准备给对方致命的一击。而发球员发完球后则突然改变方向迅速跑向原来搭档的一侧进行补位。

抢截与补位的战术并不难学，关键是两人在比赛中要有很好的默契，因为网前的队员很有可能会判断错误，这就需要发球员来及时地进行补位，同时还不能够让对手事前了解你们的意图。而且一旦网前的队员已做出抢截的动作，那么不论他的判断是否正确，双方的动作都必须进行下去，如此才不容易出现失误。

（6）发球员在上网途中的截击方法

在双打比赛中，应养成发球动作完成后随即迅速上网的习惯，如果能及时地赶到网前，通常就能有效地封截对方的攻势而赢得这一分。但是在实战中，绝大多数的情况是发球员在跑向网前的途中时，对方已将球回击了过来。此时，因为发球员自己还未赶到网前站稳脚步，所以不可急于给对方一个致命的截击，否则容易引起失误。

在大多数情况下，应该是先把球较深地截击回对方靠近接发球员一侧的底线，等自己在网前就位后，再展开下一次更有力的攻击。

如果此时对方的接发球员也正在随球上网途中，可先将球截击回他的脚下。

如果此时对方的接发球员已经靠近网前较好的截击位置，你又正处于比较低的截击位置，可伺机采用截击吊高球于对方的后场。但这需要有精湛的截击技术、灵巧熟练的手腕和前臂动作，以及良好的战术意识。比赛中运用这种方法具有很大的风险，因为一旦被对方识破或击球质量不高，换来的可能就是一个凶猛的高压球。

（二）接发球局战术

同样是接发球，双打比赛与单打比赛有很大的区别。在双打比赛中，接发球员在球场上可还击的位置比单打时要少了许多。首先，在单打比赛中，发球员发球后有时或许不上网，这就对接发球员减少了不少的压力；其次，在双打比赛的发球时，发球方总有一位球员站在网前伺机进行封堵和抢截，这就给接发球方增加了很大的难度和心理上的压力；最后，双打比单打在人数上增加了一倍，但是在场地的宽度上却增加有限。

由此可见，具备高水准的接发球技能，从而能不时地突破对方的发球局，这对夺取双打比赛的胜利是非常重要的。

1. 站位

（1）基本站位

前后站位是双打比赛中最常使用，也是最基础的一种站位。比赛中，双方球员一前一后分别站在球场两边的网前和底线，站在网前的球员负责拦网截击，而站在底线的球员则负责发球、接发球和相持。由于发球需要站在底线完成，而同伴站在网前可以在发球后赢得更多的网前得分机会，前后站位由此形成。前后站位的最大优势是可以通过底线相持压制对方底线的球员，从而为网前球员带来抢网得分的机会，当然，站在网前的球员也可以通过自己的判断和观察获得抢网得分的机会，一旦出现高压球，千万不要放过机会。

（2）双底线站位

双底线站位是同伴一左一右站在底线的一种站位。这种站位适用于网前技术较弱的球员，我们通常可以在业余网球比赛以及青少年网球比赛中看到这样的站位。双底线站位的优势是可以增强底线防守的能力，通过底线多拍相持获得得分机会。但双底线站位有一个最大的劣势，就是网前的区域。双底线站位在与前后站位对手对抗时，要避免让站在网前的球员接球，这是因为站在网前的球员可以回出过网急坠的小球，而双底线站位的球员从底线移动到网前又需要一段时间，这样就很容易被对方逮到得分的机会。所以当双底线站位遇到前后站位的对手时，非发球和非接发球的球员的站位应该尽量靠近球网，以防对方站在网前的球员放小球。

2. 接发球基本位置

由于在双打比赛中，通常发球员都比较注重一发的成功率，因此绝大部分选手采用的是旋转发球，并迅速上网。为了能还击出比较具有攻击性的接发球，迫使对方正处于上网途中的发球员只能在离网比较远的地方进行防御性的第一次截击，从而夺得进攻的主动权。接发球员应该力争前迎在底线内侧接发对方发来的旋转球。

如果发球方一发失误，接发球员此时就更应该前靠迎击对方的第二发球。

3. 基本方法

通常最佳的接发球方法是直接向发球员或双打边线还击回去。

在高于网的位置用切击的方法将球朝下击向正在上网的发球员，并随球上网。先迫使他只能比较被动地做一个朝上的截击，然后接发球方就可抓住这一机会进行反击。

用反手下旋击球法，打一个擦网而过的低球到正在上网的发球员脚下，落点尽量控制在发球区线前面，同样也要快速随球上网抓住机会进行反击。

当发球方网前队员抢截比较活跃，或伺机突袭时，抽一个直线穿越球。

上旋拉一个后场高球，以此来应对发球方网前队员的站位比较偏前、抢截比较活跃，并且一发很具威力、发球员上网速度较快的情况。

另外，在实战中还应根据场上的实际情况有意识地变换接发球的方法，不要总是采用同一种击球方法，以免对方预设破阵之机。

参考文献

[1] 周光德，支玮. 高校网球运动教学分析与创新 ［M］. 北京：中国纺织出版社，2022.

[2] 赵赟，李杰，洪琦瑛. 高校网球教程 ［M］. 上海：东华大学出版社，2021.

[3] 栾丽霞. 普通高等院校十四五规划体育精品教材 网球运动教学与训练 ［M］. 武汉：华中科技大学出版社，2021.

[4] 王薇，黄德彬，轩志刚. 球类项目教学与运动训练 ［M］. 长春：吉林人民出版社，2021.

[5] 梁高亮. 网球运动教程 ［M］. 北京：人民体育出版社，2021.

[6] 杜宾. 高校网球运动教学理论分析与方法创新研究 ［M］. 长春：吉林大学出版社，2020.

[7] 张雨刚. 高校网球运动文化建设与技能教学研究 ［M］. 长春：吉林大学出版社，2020.

[8] 李欢. 网球运动的教学与训练实践研究 ［M］. 成都：成都电子科大出版社，2020.

[9] 韩飞. 网球运动训练技巧与管理方法研究 ［M］. 北京：中国原子能出版社，2020.

[10] 胡万亮. 网球运动教与学 ［M］. 南昌：江西人民出版社，2020.

[11] 刘文方. 现代网球运动教学与训练新论 ［M］. 青岛：中国海洋大学出版社，2020.

[12] 王丽平. 休闲网球运动教学理论与方法研究 ［M］. 长春：吉林人民出版社，2019.

[13] 张燕. 网球运动教学体系构建与创新研究 ［M］. 哈尔滨：东北林业大学出版社，2019.

[14] 张华新. 高校网球运动教学研究 [M]. 北京：北京工业大学出版社，2018.

[15] 黄婧，张庆建. 高校网球运动科学化教学与训练研究 [M]. 北京：九州出版社，2018.

[16] 尹树来，蒋宏伟. 网球运动理论与实践指导 [M]. 北京：中国书籍出版社，2018.

[17] 李海，陶李军. 网球运动教学系统分析与创新研究 [M]. 北京：中国纺织出版社，2018.

[18] 王泽刚. 网球运动实训教程 [M]. 武汉：武汉大学出版社，2016.

[19] 王伟. 高校网球运动开展与教学方法研究 [M]. 北京：中国原子能出版社，2016.

[20] 田朝辉，李众民. 高校网球运动技能培养与教学理论指导 [M]. 长春：吉林人民出版社，2014.

[21] 魏曙光，柳青，吕思琪. 高校网球运动教学理论与方法研究 [M]. 北京：现代教育出版社，2012.

[22] 张林. 现代网球运动技法解析 [M]. 长春：吉林大学出版社，2012.

[23] 刘学哲，张虎祥，吕超. 高校网球教学理论与技能训练研究 [M]. 长春：吉林大学出版社，2012.

[24] 孙静. 网球运动 [M]. 武汉：中国地质大学出版社，2012.

[25] 周学军，杨忠旺. 高校网球教学的发展趋势与对策研究 [J]. 湖北体育科技，2016（10）：917－919.

[26] 赵春元. 高校网球教学现状及发展对策研究 [J]. 当代体育科技，2015（14）：237－238.

[27] 李春华. 温州市高校网球运动开展现状调查研究 [J]. 教学·探索，2015（5）：70－74.

[28] 李昇，李春华. 温州市业余网球竞赛开展现状调查研究 [J]. 文化教育，2015（6）：2253－2254.

[29] 杨锐，郭崇. 山东省部分少体校网球教练员现状调查分析 [J]. 湖州师范学院学报，2011 (1)：91－93.

[30] 黄伟清. 温州社区网球运动发展现状与对策研究 [J]. 南京体育学院学报 (自然科学版)，2011 (10)：121－124.

[31] 王宁，张强. 我国高校网球运动发展的奥运效应研究 [J]. 北京体育大学学报，2010 (6)：92－93.